Marthamaria Drützler-Heilgeist, Anja Lautenbach

Betrifft Projektarbeit

Selbstständig, methodisch, kooperativ

1. Auflage, 1. korrigierter Nachdruck

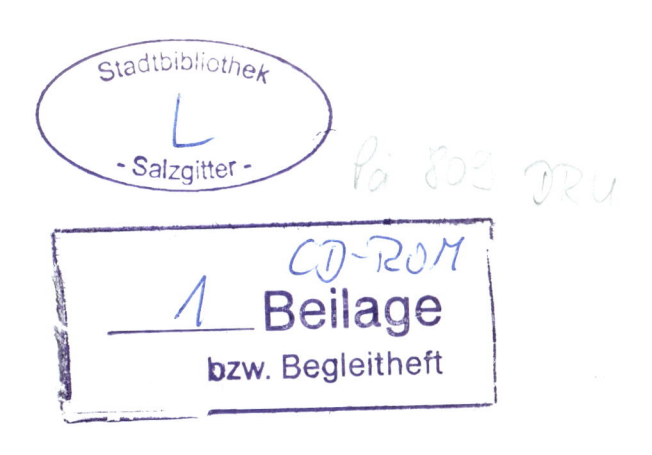

Bestellnummer 40330

Bildungsverlag EINS

■ Haben Sie Anregungen oder Kritikpunkte zu diesem Produkt?
Dann senden Sie eine E-Mail an 40330_001@bv-1.de
Autoren und Verlag freuen sich auf Ihre Rückmeldung.

www.bildungsverlag1.de

Bildungsverlag EINS GmbH
Sieglarer Straße 2, 53842 Troisdorf

ISBN 978-3-427-**40330**-2

© Copyright 2010: Bildungsverlag EINS GmbH, Troisdorf
Das Werk und seine Teile einschließlich der CD/DVD sind urheberrechtlich geschützt. Jede Nutzung in anderen als den gesetzlich zugelassenen Fällen bedarf der vorherigen schriftlichen Einwilligung des Verlages.
Hinweis zu § 52a UrhG: Weder das Werk noch seine Teile dürfen ohne eine solche Einwilligung eingescannt und in ein Netzwerk eingestellt werden. Dies gilt auch für Intranets von Schulen und sonstigen Bildungseinrichtungen.

Inhaltsverzeichnis

Vorwort   5

1   Die Projektarbeit beginnt – Die Vorbereitungsphase   7

1.1 Was ist ein Team?   8
1.2 Zusammenarbeit? Befragen Sie sich selbst!   9
1.3 Die persönlichen Ziele bestimmen   10
1.4 Die Teambildung beginnt! Was uns verbindet …   12
1.5 Teamregeln als Grundlage unserer Arbeit   14

2   Methoden zur Organisation und Planung der Projektarbeit   15

2.1 Das Thema in den Griff bekommen: Von der Themenfindung zur Materialsammlung   16
2.2 Methoden zur Ideenfindung   27
2.3 Methoden zur Strukturierung der Arbeitsergebnisse   32
2.4. Methoden zur Organisation und Planung – Der Umgang mit der Zeit   35
     2.4.1 Der Projektplan   35
     2.4.2 Einen Wochenplan erstellen und seine Ziele bewerten   36
     2.4.3 Wichtige Aufgaben mit der ABC-Analyse unterscheiden   38
2.5 Methoden zur Strukturierung von Arbeitsprozessen   39
     2.5.1 Die To-do-Liste (Erledigungsliste, Aktivitätenliste)   39
     2.5.2 Das Protokoll   41
     2.5.3 Der Projektordner   45
     2.5.4 Berichte in der Projektarbeit   48
     2.5.5 Individueller Tätigkeitsnachweis   53
2.6 Teamsitzungen gestalten   55

3   Die Dokumentation   67

3.1 Tipps zur Organisation   68
3.2 Der Text als Ausdruck fremder und eigener Gedanken   69
3.3 Die formale Gestaltung der Dokumentation: optisch ansprechend und übersichtlich   71

4   Die Präsentation   76

4.1 Die inhaltliche Vorbereitung   77
     4.1.1 Der Aufbau einer Präsentation   77
     4.1.2 Schritt für Schritt zum Erfolg – Eine Präsentation vorbereiten   80
     4.1.3 Tipps für die Visualisierung   82
     4.1.4 Die Funktion des Stichwortzettels   83
4.2 Tipps für die organisatorische Vorbereitung   85

Inhaltsverzeichnis

4.3 Tipps für das Team – Checklisten für notwendige organisatorische Absprachen — 87
    4.3.1 Der Ablaufplan einer Präsentation — 87
    4.3.2 Checkliste für die Vorabstimmungen im Team — 89
    4.3.3 Absprachen im Team für den Tag der Präsentation — 90
    4.3.4 Eine Präsentation beobachten, auswerten und besprechen — 91
    4.3.5 Eine Präsentation reflektieren – Austausch im Team über die Präsentation — 93

5 Das Projekt ist abgeschlossen — 94

5.1 Abschlussrunde mit Kreisabfrage — 95
5.2 Schriftliches Feedback — 95

Sachwortverzeichnis — 99

Was ist auf der CD? — 101

Vorwort

Liebe Schülerinnen und Schüler,

in Schule und Beruf gehört die **Projektarbeit** immer mehr zum Alltag. Dieses Arbeitsheft will Sie bei Ihrer Projektarbeit begleiten und Ihnen helfen, sie **erfolgreich durchzuführen**.

Das **Ziel** des Heftes ist, Hilfe bei der **Organisation** und **Durchführung** eines Projekts zu bieten. Es will kein Lehrbuch zur inhaltlichen Erarbeitung sein. Denn unabhängig von allen speziellen Voraussetzungen und von der konkreten Aufgabenstellung ist allen Projekten gemeinsam, dass sie zielorientiert, selbstständig in Teamarbeit und in einem zeitlichen Rahmen durchgeführt werden müssen. Dieses Arbeitsheft möchte Sie bei dieser Arbeit unterstützen. Es bietet Ihnen Checklisten, Hinweise, Tipps, Übungsaufgaben und Formulare als **Hilfsmittel** für die Durchführung Ihrer Projektarbeit.

Wie ist das Arbeitsheft aufgebaut?
Der Aufbau des Arbeitsheftes folgt dem Projektverlauf:

1. Kapitel: Sie erhalten Unterstützung bei Ihrem **Teambildungsprozess**.

2. Kapitel: Sie werden bei der **Planung und Durchführung** Ihrer **Arbeitsschritte** begleitet und mit der Anlage eines Projektordners vertraut gemacht. Als Arbeitsschritte werden verschiedene Methoden vorgestellt, die im Verlauf der Projektarbeit immer wieder eingesetzt werden können.

3. Kapitel: Dieses Kapitel hilft Ihnen bei der Erstellung Ihrer **Dokumentation**.

4. Kapitel: Hier werden Sie auf eine erfolgreiche **Präsentation** vorbereitet.

5. Kapitel: Dieses Kapitel stellt Ihnen Werkzeuge zur Verfügung, die Sie befähigen, Ihre Projektarbeit und sich selbst in der **Rückschau** zu bewerten.

Umgang mit dem Arbeitsheft
Art und **Umfang** der Projektarbeit, die Anlage des Ordners und die Bewertungskriterien bestimmt der **Projektbetreuer**, also in der Regel ein Lehrer. Das Projektteam richtet sich demnach nach seinen Vorgaben, welche am besten schriftlich festgehalten werden (siehe Kapitel 1 „Projektvertrag", S. 14 + CD 1.5). Der Projektbetreuer gibt dem Team im Normalfall Anweisungen, welche Übungen und Aufgaben das Team lösen soll, welche Formulare im Heft auszufüllen sind, ob und wie der Projektordner zu führen ist und welche Formulare Sie dafür benutzen sollen. Möglich ist jedoch auch, dass Sie gar keine Vorgaben bekommen, sondern dass Sie bzw. die **Projektteilnehmer** selbst entscheiden, wie Sie vorgehen wollen.

Umgang mit den Formularen
Das Herzstück dieses Arbeitsheftes bilden die **Formulare**, die Sie je nach Art und Umfang Ihres Projekts einsetzen und in Ihrem Projektordner zusammenstellen können. Alle Formulare, die im Arbeitsheft als Formblatt oder als Beispiel enthalten sind, finden Sie auf der CD als **Word-Datei**. So können Sie die Formulare an Ihre Vorgaben und Bedürfnisse **anpassen**, also in der Datei etwas hinzufügen, streichen, umformulieren usw. Grundlegende Formulare, sogenannte **Basisformulare**, sind im Arbeitsheft als Vorlage enthalten und können direkt im Heft ausgefüllt werden. Zusätzlich befindet sich auch eine Vorlage zum Ausdrucken und Bearbeiten auf der CD-ROM. Auf weitere Formulare, sogenannte **erweiterte Formulare**, wird im Heft mit einem CD-Symbol CD 1.2 verwiesen. Ein ausgefülltes Beispiel finden Sie im Heft und auf der CD-ROM befindet sich eine Vorlage zum Ausdrucken und Bearbeiten als Word-Datei.

1 Die Projektarbeit beginnt – Die Vorbereitungsphase

Noch etwas: In diesem Heft werden die Begriffe „Schüler", „Lehrer", „Auftraggeber" usw. geschlechtsunabhängig gebraucht. Selbstverständlich sind die weiblichen Personen ebenfalls mitgemeint.

Wir hoffen, dass dieses Heft zum Gelingen Ihres Projektes beiträgt und wünschen Ihnen viel Erfolg für Ihre Arbeit.

Marthamaria Drützler-Heilgeist   Anja Lautenbach

1 Die Projektarbeit beginnt – Die Vorbereitungsphase

Ihr Projektmanagement befindet sich noch ganz am Anfang – in der Vorbereitungsphase. Zunächst findet sich für die Zusammenarbeit eine Gruppe zusammen. Diese Gruppe soll sich zu einem Team entwickeln. Für den Teambildungsprozess finden Sie in diesem Kapitel Übungen und Anregungen.

Sie werden
- Ihr Verhalten in einer Gruppe einschätzen lernen,
- Ihre eigenen Ziele für die Teamarbeit entwickeln,
- Ihre Team-Ziele formulieren,
- gemeinsam mit Ihrem Team einen Teamvertrag aufsetzen.

1.1 Was ist ein Team?

Ein Team kann so viel wie die Menschen, die es bilden.

Der Teamentwicklung geht immer die Gruppenfindung voraus. Eine Gruppe kann sich z.B. bilden, weil sich die Mitglieder für dasselbe Thema interessieren oder andere gemeinsame Interessen verfolgen:

Aber erst die gemeinsame Arbeit macht aus dieser Gruppe ein Team. Dies passiert nicht von alleine. Teamentwicklung ist ein aktiver Prozess. Die Teammitglieder müssen zueinander finden und sich während der gesamten Projektarbeit immer wieder neu umeinander bemühen.

Dies ist nicht immer leicht. Eine Gruppe ist sowohl während ihres Teambildungsprozesses als auch später immer wieder inneren Auseinandersetzungen unterworfen. Dies können sachliche, aber auch persönliche Differenzen zwischen den einzelnen Teammitgliedern sein.

 Ein Team ist dann erfolgreich, wenn alle ihre Stärken, ihr Wissen und Können für ein gemeinsames Ziel einsetzen.

Die Projektarbeit beginnt – Die Vorbereitungsphase

1.2 Zusammenarbeit? Befragen Sie sich selbst!

Um mit anderen erfolgreich zusammenzuarbeiten, ist es wichtig, dass Sie sich selbst realistisch einschätzen können. Das nachfolgende Formular sollten Sie deshalb für sich allein ausfüllen.

Meine Selbsteinschätzung

CD 1.2

Datum: 21.05.20XX

So verhalte ich mich, wenn ich mit anderen zusammenarbeite:	voll erfüllt (++)	eher erfüllt (+)	teilweise erfüllt (o)	eher nicht erfüllt (-)	gar nicht erfüllt (--)
1. Ich bringe Ideen ein.				☒	
2. Ich melde mich zu Wort.				☒	
3. Ich höre zu.		☒			
4. Ich lasse andere ausreden.	☒				
5. Ich ergreife die Initiative.				☒	
6. Ich komme pünktlich.	☒				
7. Ich habe mein Arbeitsmaterial dabei.		☒			
8. Ich erledige meine festgelegten Arbeiten.		☒			
9. Ich wende die Feedback-Regeln an.	☒				

Meine Stärken:
Ich kann gut zuhören, bin zuverlässig, kann gut strukturieren und organisieren.

Meine Schwächen:
Ich habe kaum eigene Ideen, kann mich nicht gut durchsetzen.
Ich halte mich oft auch dann zurück, obwohl ich die Aufgabe besser als die anderen lösen könnte.

AUFGABE

Füllen Sie das Formblatt „Meine Selbsteinschätzung" aus. Reflektieren Sie Ihr typisches Verhalten, Ihre Stärken und Schwächen. Diese Übung dient allein Ihrer Selbsterkenntnis. Sie können deshalb ruhig ehrlich zu sich sein.

1.3 Die persönlichen Ziele bestimmen

Nachdem Sie Ihre Stärken und Schwächen bestimmt haben, können Sie in einem zweiten Schritt Ihre persönlichen Ziele für die Teamarbeit festlegen. Das Wichtigste bei dieser Übung ist, dass Sie positive Ziele formulieren, um ein positives Bild von sich selbst zu entwerfen und zu festigen:

> **Beispiel** ▶ ▶
> „Ich komme pünktlich."

Schreiben Sie nicht: „Ich will nicht mehr unpünktlich sein." Formulieren Sie statt dessen positiv! Denn mit einer Verneinung verstärken Sie nur das negative Bild, das Sie von sich selbst haben, und kommen dann möglicherweise erst recht unpünktlich.

Die persönlichen Ziele formulieren

> **Beispiele für Zielsätze** ▶ ▶
> - Ich komme pünktlich zu den Teamsitzungen.
> - Ich ordne meine Unterlagen.
> - Ich habe mein Arbeitsmaterial dabei.

> **AUFGABE**
> Finden Sie Ihre eigenen Zielsätze. Formulieren Sie Ihre Zielsätze
> a) in der Gegenwart („Ich komme pünktlich"),
> b) positiv,
> c) als realistisches, d. h. erreichbares Ziel,
> d) so kurz wie möglich und
> e) aktiv („Ich komme pünktlich").
> Überprüfen Sie im Anschluss, ob dieses Ziel wirklich für Sie erreichbar ist.

Damit es aber nicht bei Zielformulierungen und guten Vorsätzen bleibt, schließen Sie mit sich selbst eine Art Vertrag. Unterschätzen Sie nicht die Wirkung, die ein solcher Selbstvertrag hat! Während der Projektarbeit sollten Sie immer wieder prüfen, ob und wie es Ihnen gelungen ist, Ihre Ziele zu verwirklichen.

Die Projektarbeit beginnt – Die Vorbereitungsphase

Meine Selbstverpflichtung

CD 1.3

Name

Vorname

Gruppenname

Meine persönlichen Ziele sind …

Selbstverpflichtung

Ich will mich in das Team positiv einbringen und verpflichte mich hiermit:

1)
2)
3)

Ort und Datum:

Unterschrift:

AUFGABE

Halten Sie Ihre eigenen Zielsätze verbindlich in dem Formblatt „Meine Selbstverpflichtung" fest. Tragen Sie das Datum ein und unterschreiben Sie Ihren Vertrag.

1.4 Die Teambildung beginnt! Was uns verbindet ...

Der erste Schritt zur Teambildung gelingt leichter, wenn sich die Gruppe besser kennenlernt. Mit dem Teambildungsspiel „Was uns verbindet" können Sie herausfinden, welche Gemeinsamkeiten das zukünftige Team auszeichnet. Auch wenn Sie schon vorher miteinander zu tun hatten, sollten Sie sich innerhalb dieser neuen Gruppe treffen und austauschen. Lassen Sie sich davon überraschen, was Sie Neues über die anderen Gruppenmitglieder erfahren!

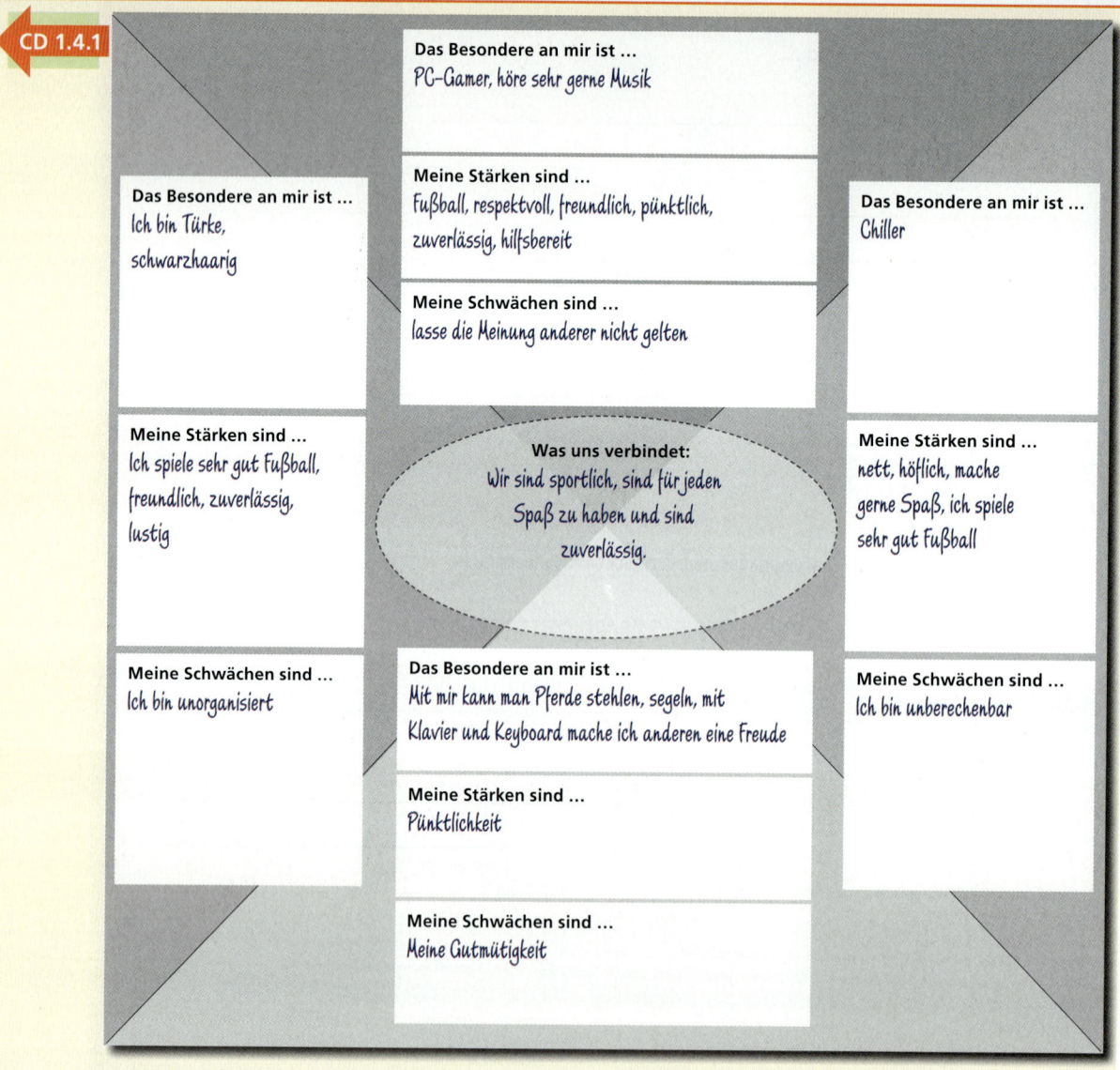

Das Teambildungsspiel „Was uns verbindet" am Beispiel eines Vierer-Teams

Das Teambildungsspiel – Spielablauf

Die obige Abbildung zeigt die Musterlösung einer Vierergruppe. Jedes Gruppenmitglied hat sein Feld gemäß der Überschriften ausgefüllt.

Die Projektarbeit beginnt – Die Vorbereitungsphase

AUFGABE

Vorbereitung

Musterformulare für verschiedene Gruppengrößen finden Sie auf der beiliegenden CD-ROM.

> CD 1.4.1, 1.4.2, 1.4.3

Drucken Sie das Formblatt aus, das Ihrer Gruppengröße entspricht.

Sie können diese Abbildung auch als Plakat zeichnen: In der Mitte wird ein Oval eingezeichnet. Von da aus unterteilen Sie die Fläche in so viele Teile, wie Personen in der Gruppe sind.

Durchführung

1. Schritt:
Schreiben Sie in Ihr Feld Ihren Namen, Ihr Alter sowie Eigenschaften, die Sie besonders an sich schätzen oder wichtig finden. Berücksichtigen Sie auch Hobbys und Interessen, die mit dem Projekt nichts zu tun haben. Auch über Ihre Stärken und Schwächen können Sie dabei nachdenken. Was möchten Sie den anderen Gruppenmitgliedern über sich selbst mitteilen?

2. Schritt:
Tauschen Sie sich im Anschluss in einer ersten Gesprächsrunde über Ihre Notizen aus. Was teilen Ihnen die anderen mit? Wo gibt es Gemeinsamkeiten, wo Unterschiede?
Kommen Sie miteinander ins Gespräch!

3. Schritt:
Sprechen Sie nun über die Gemeinsamkeiten der Gruppenmitglieder, die im Gespräch oder durch Beobachtung erkannt wurden (alle haben blaue Augen, hören gerne eine bestimmte Musik ...). Notieren Sie diese in das Oval („Was uns verbindet").

4. Schritt:
Finden Sie im Anschluss einen passenden Namen für Ihr zukünftiges Team, mit dem sich alle Gruppenmitglieder identifizieren können. Mit dieser Namensfindung werden Sie zu einem Team.

1.5 Teamregeln als Grundlage unserer Arbeit

Damit aus einer Gruppe ein Team wird, bedarf es nicht nur der Zielsetzung des Einzelnen, sondern auch der gesamten Gruppe. Deshalb muss die Gruppe Verhaltensregeln festlegen, die am besten durch einen Vertrag verbindlich gemacht werden. Diese Regeln müssen realistisch, für alle nachvollziehbar sowie messbar sein.

Ein Teamvertrag kann helfen, Probleme zu lösen und Konflikte zu entschärfen, weil er die ganze Projektarbeit hinweg für alle Verbindlichkeit hat.

> **TIPP** Es empfiehlt sich außerdem, diese Regeln auf ein Plakat zu übertragen und bei jedem Treffen aufzuhängen.

▶ **Beispiele für Formulierungen von Teamregeln** ▶ ▶
- Wir lassen den anderen ausreden!
- Wir äußern Kritik sofort!
- Wir formulieren Kritik nach den Feedback-Regeln!
- Wir kommen immer pünktlich zu den Besprechungsterminen. Wer absehen kann, dass er nicht pünktlich erscheinen wird, informiert die Gruppe rechtzeitig.
- Wer etwas versäumt hat, informiert sich nachträglich.

AUFGABE

CD 1.5

Erstellen Sie Ihren eigenen Teamvertrag.
Das Formular dazu finden Sie auf der CD-ROM.

2 Methoden zur Organisation und Planung der Projektarbeit

Es ist soweit, die eigentliche Projektarbeit beginnt! Wenn Ihr Auftraggeber – das kann der Fachlehrer oder sogar ein Unternehmen sein – mit der Vergabe des Themas an Ihr Team einverstanden ist, starten Sie in die selbstständige und eigenverantwortliche Arbeitsphase an Ihrem eigentlichen Projektthema.

Alle Arbeitsprozesse werden von nun an von Ihrem Team geplant, gesteuert und durchgeführt.

Für die Erstellung Ihrer Projektarbeit und die Bewältigung aller Aufgaben nimmt die systematische Organisation dieser Arbeitsprozesse einen bedeutenden Raum ein.

Sie werden
- systematisch Material zum Thema sammeln,
- das Thema erschließen und gliedern,
- einen Projektordner führen,
- Teamtreffen verabreden, leiten und protokollieren,
- Zeitpläne und einen Projektplan erstellen,
- Kreativtechniken zur Ideenfindung einsetzen,
- Ihre Ideen strukturieren,
- Absprachen treffen und miteinander kommunizieren,
- Teamsitzungen abhalten,
- To-do-Listen erstellen und Arbeitsgänge koordinieren.

2 Methoden zur Organisation und Planung der Projektarbeit

2.1 Das Thema in den Griff bekommen: Von der Themenfindung zur Materialsammlung

Normalerweise gibt Ihnen Ihr Auftraggeber ein Projektthema vor. Falls Sie aber in der Themensuche frei sind, können Sie sich dabei an den Methoden zur Ideenfindung in Kapitel 2.2 (S. 27–32) orientieren. Ein Formular, das Ihnen bei der selbstständigen Themenfindung hilft, finden Sie auf der CD-ROM.

Nachdem das Thema ausgewählt wurde, können Sie endlich mit der inhaltlichen Arbeit daran beginnen.

Zunächst müssen Sie erste Informationen sammeln, erst dann können Sie Ihr Thema genauer eingrenzen und eine Grobgliederung erstellen. Falls Sie in Ihrer Themenwahl nicht frei sind, müssen Sie sich hierbei natürlich an der Aufgabenstellung des Auftraggebers orientieren. Auch sollten alle Arbeitsschritte inhaltlicher Art in enger Kooperation mit dem Auftraggeber erfolgen.

Wenn Sie die folgenden fünf Arbeitsschritte nachvollziehen, werden Sie eine Feingliederung zu Ihrem Thema erstellen können. Diese Gliederung ist der erste grundlegende Arbeitsschritt für Ihre Projektarbeit und bildet die Basis für Ihre Weiterarbeit.
Erst aufgrund der Feingliederung kann die endgültige Themenstellung formuliert werden.
Im Anschluss arbeiten Sie gemeinsam den **Themenvertrag** aus, den Sie verbindlich mit Ihrem Auftraggeber und den anderen Teammitgliedern abschließen.

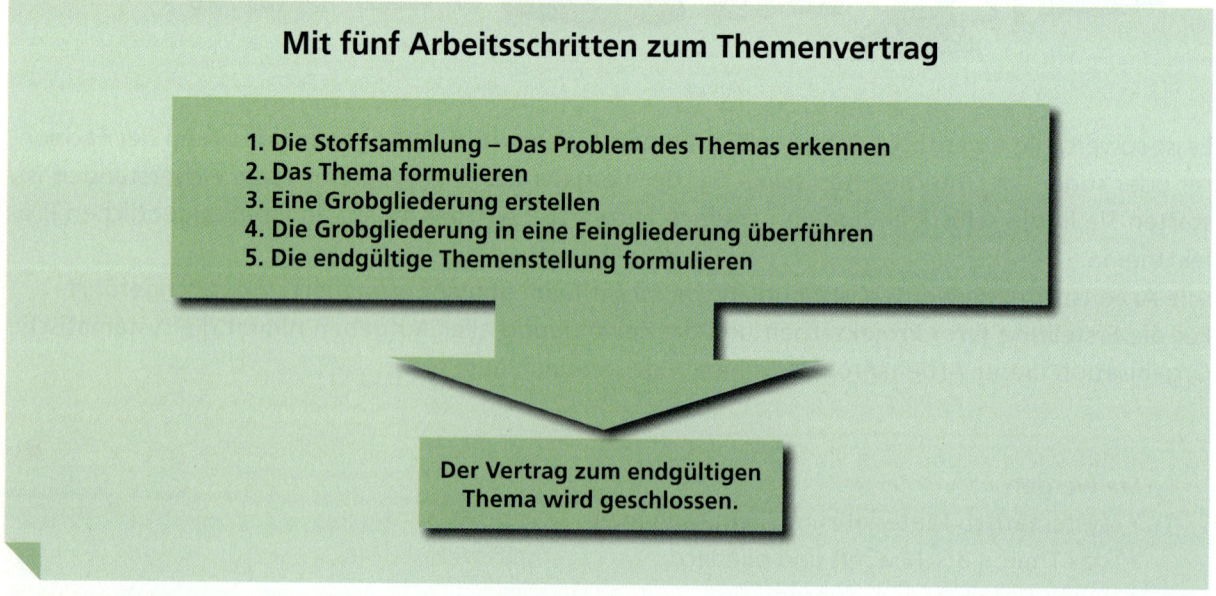

Diese Arbeitsschritte werden im Folgenden exemplarisch am Projektthema „Wasserkraft" verdeutlicht.

Methoden zur Organisation und Planung der Projektarbeit

Der erste Schritt: Die Stoffsammlung – Das Problem eines Themas erkennen

Der Begriff „Wasserkraft" beinhaltet viele inhaltliche Möglichkeiten und Problemstellungen, die Sie erfassen und eingrenzen müssen, um daraus ein endgültiges Thema zu formulieren, das Sie auch bewältigen können. Mithilfe der W-Fragen oder des Brainstormings sammeln Sie Ihre Ideen für die Stoffsammlung.

Die Stoffsammlung: Stellen von W-Fragen ▶ ▶

- **Was** ist Wasserkraft?
- **Wie** wirkt sich Wasserkraft aus?
- **Wie** wird die Umwelt davon beeinflusst?
- **Wer** nutzt Wasserkraft?
- **Wie** nutzt man Wasserkraft?
- **Wie** wirtschaftlich ist Wasserkraft?
- **Wer** ist an Wasserkraft interessiert?
- **Warum** wird Wasserkraft genutzt?
- **Wo** wird Wasserkraft genutzt?
- Seit **wann** nutzt man Wasserkraft?
- **Wie** sehr wird Wasserkraft zurzeit in Deutschland/weltweit genutzt?
- **Welche** zukünftige Bedeutung hat Wasserkraft?
- **Wie** gewinnt man Energie durch Wasserkraft?
- **Wie** funktioniert die Energiegewinnung am Beispiel eines Wasserkraftwerkes?

AUFGABE

1. Stellen Sie im Team W-Fragen, die sich aus Ihrem gewählten Thema ergeben.
2. Werten Sie den Fragenkatalog im Team aus: Welche der Fragen stellt die übergeordnete Frage für alle dar?
3. Diskutieren Sie, welche der Fragen das Thema am ehesten erschließen könnte.

Die Stoffsammlung: Brainstorming und Mindmap

Brainstorming und Mindmapping sind Kreativtechniken, die das freie und unzensierte Sammeln von Einfällen zu einem Thema ermöglichen. Dabei soll kein Gedanke verloren gehen oder unterdrückt werden, egal, wie unsinnig oder weit hergeholt er auf den ersten Blick erscheinen mag. Im Team wird die Technik des Brainstormings angewandt. Die gesammelten Ideen können dann in einem nächsten Schritt mithilfe einer Mindmap systematisiert aufgeschrieben werden.

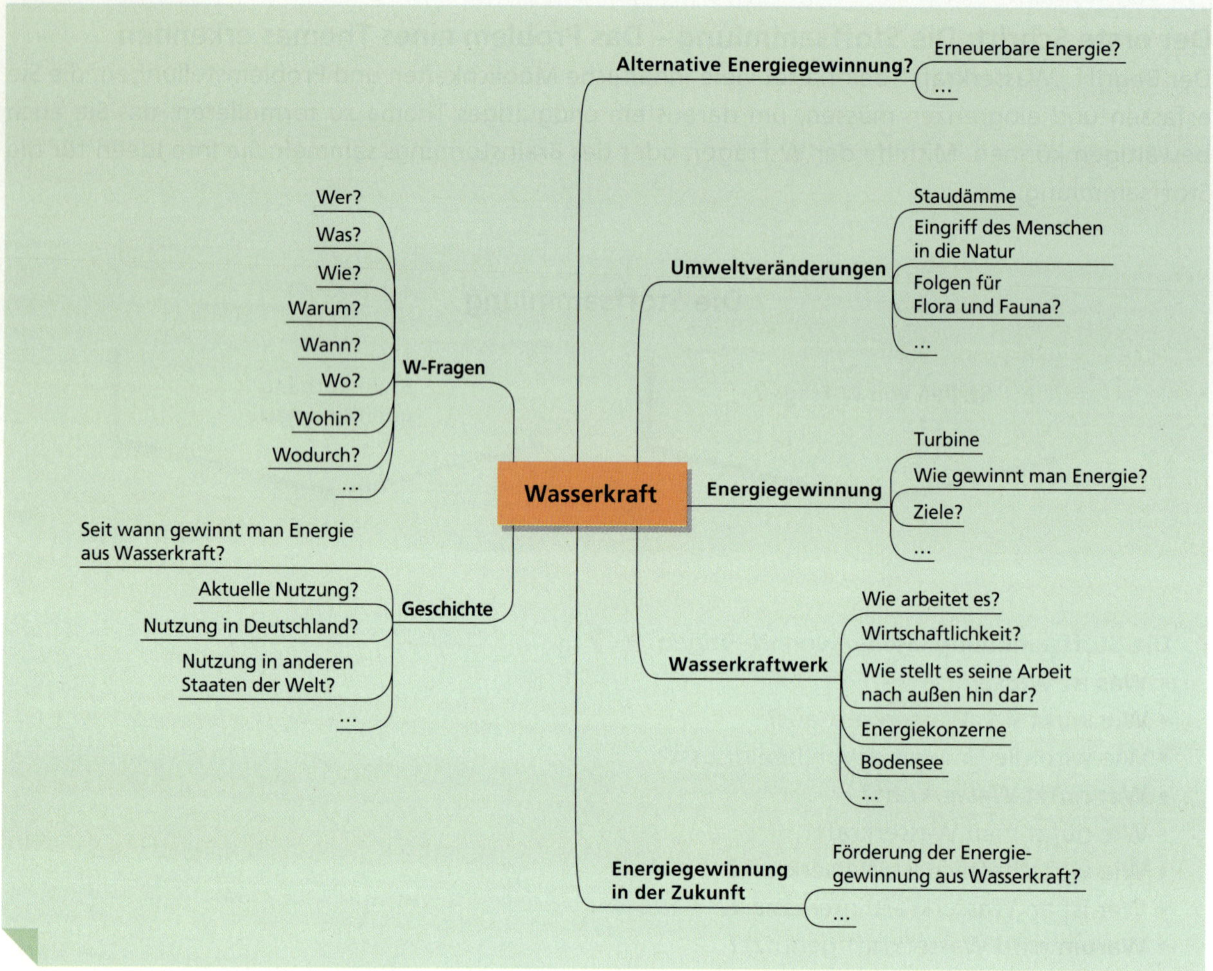

Methoden zur Organisation und Planung der Projektarbeit

```
                                                    Erneuerbare Energie?
                          Alternative Energiegewinnung?
                                                    ...
                                                    Staudämme
        Wer?                                        Eingriff des Menschen
        Was?              Umweltveränderungen       in die Natur
        Wie?                                        Folgen für
        Warum?                                      Flora und Fauna?
        Wann?                                       ...
        Wo?      W-Fragen
        Wohin?
        Wodurch?                                    Turbine
        ...                                         Wie gewinnt man Energie?
                               Wasserkraft  Energiegewinnung  Ziele?
  Seit wann gewinnt man Energie                               ...
  aus Wasserkraft?
        Aktuelle Nutzung?                           Wie arbeitet es?
        Nutzung in Deutschland?                     Wirtschaftlichkeit?
                         Geschichte  Wasserkraftwerk  Wie stellt es seine Arbeit
        Nutzung in anderen                          nach außen hin dar?
        Staaten der Welt?                           Energiekonzerne
        ...                                         Bodensee
                                                    ...
                          Energiegewinnung      Förderung der Energie-
                          in der Zukunft        gewinnung aus Wasserkraft?
                                                    ...
```

Die Stoffsammlung

AUFGABE

Machen Sie zu Ihrem Thema ein Brainstorming. Ordnen Sie im Anschluss Ihre Ideen und erstellen Sie eine Mindmap.

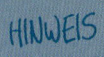

Beachten Sie stets den vom Auftraggeber gesteckten inhaltlichen Rahmen. Dieser kann sehr offen gefasst sein, z. B. „Wasser und Globalisierung" oder auch *enger*, z. B. „Wasser als Ressource".

Der zweite Schritt: Das Thema formulieren

Ein Thema wird dann besonders gut greifbar, wenn es als Frage formuliert, d. h., problemorientiert angegangen wird. Aus dieser Problemorientierung kann dann eine konkrete Aufgabenstellung für die Projektarbeit abgeleitet werden. In der folgenden Tabelle werden mögliche Themenformulierungen zum Oberbegriff „Wasserkraft" vorgestellt.

Beispiele für fachspezifische Themenstellungen

Bei einer Projektarbeit werden **fachspezifische** Anforderungen an Sie gestellt. Beispielsweise wäre es möglich, dass Sie zu „Wasserkraft" im Fach Biotechnologie ein Experiment durchführen oder im Fach Mediengestaltung eine Website erstellen sollen. Daraus ergeben sich für Sie jeweils verschiedene fachspezifische Problemstellungen und methodische Herangehensweisen.

Methoden zur Organisation und Planung der Projektarbeit

▶ Die Stoffsammlung: Stellen von W-Fragen ▶ ▶

Fach	Aspekt der Stoffsammlung	Fachspezifische Themenstellung	Ziel der Projektarbeit	Methodisches Vorgehen
Physik	Turbine	Wie funktioniert eine Turbine?	Anschauliche Darstellung der Funktionsweise	Veranschaulichung am Modell
Mediengestaltung	Erstellen einer Homepage eines Wasserkraftwerkes	Wie setzt man die Ideen und Forderungen des Auftraggebers bei der Gestaltung einer Homepage um?	Nachvollziehbare Dokumentation und Abbildung eines Arbeitsvorgangs	Anwendung von spezifischen Computerprogrammen
Gemeinschaftskunde Geografie	Wasserkraft	Ist Wasserkraft unsere Zukunft?	Darstellung eines Entwicklungsprozesses (Vergangenheit, Gegenwart, Zukunft)	Darstellung einer chronologischen Entwicklung
		Was spricht für eine verstärkte Energiegewinnung durch Wasserkraft? Was spricht dagegen?	Dialektische Auseinandersetzung	Diskussion: Chancen und Risiken Pro/Contra Vorteil/Nachteil
		Warum sollte man Wasserkraft nutzen?	Darstellung einer wissenschaftlichen Argumentation Darlegung der Gründe, Ursachen, Wirkung, Folgen der Nutzung von Wasserkraft	Lösungswege aus verschiedenen Perspektiven betrachten
Biologie	Umweltveränderungen durch Nutzung von Wasserkraft	Wie wirkt sich ein Wasserkraftwerk auf die Lebensbedingungen von Süßwasserkrebsen aus?	Ergebnisdarstellung eines Experiments: Hypothesenbildung, Aufbau, Ablauf, Durchführung, Überprüfung der Hypothese, Auswertung	Experiment

2 Methoden zur Organisation und Planung der Projektarbeit

AUFGABE

1. Wählen Sie einen zentralen Aspekt Ihrer Stoffsammlung aus.
   Leiten Sie daraus eine Problemstellung (Frage) ab.
2. Definieren Sie die Ziele Ihrer Projektarbeit: **Was** genau wollen Sie **wie** untersuchen, diskutieren oder beweisen?

Der dritte Schritt: Eine Grobgliederung erstellen

Wie bildet man den fachspezifischen Inhalt und das methodische Vorgehen in einer Grobgliederung ab? Dies soll anhand der Themenstellung „Ist Wasserkraft unsere Zukunft?" aus der obigen Tabelle beispielhaft dargestellt werden:

▶ **Grobgliederung zum Thema: Ist Wasserkraft unsere Zukunft?** ▶ ▶

Gliederungspunkt	Frage aus der Stoffsammlung
1. Die Definition von Wasserkraft	**Was** ist Wasserkraft?
2. Historischer Überblick über die Nutzung von Wasserkraft	Seit **wann** nutzt man Wasserkraft?
3. Darstellung der Energiegewinnung aus Wasserkraft	**Wie** gewinnt man Energie durch Wasserkraft?
4. Die Erklärung der Energiegewinnung am Beispiel eines Wasserkraftwerkes	**Wie** funktioniert die Energiegewinnung am Beispiel eines Wasserkraftwerkes?
5. Die Wirtschaftlichkeit von Wasserkraft: Ist Wasserkraft unsere Zukunft?	**Wie** wirtschaftlich ist Wasserkraft? **Wird man zukünftig verstärkt Wasserkraft nutzen?**

▶ **Grobgliederung zum Thema: Wie wirkt sich ein Wasserkraftwerk auf die Lebensbedingungen von Süßwasserkrebsen aus? Projektarbeit über ein Experiment** ▶ ▶

Gliederungspunkt	Frage aus der Stoffsammlung
1. Problemstellung und Hypothesenbildung	**Wie** wirkt sich Wasserkraft aus? **Wie** wird die Umwelt davon beeinflusst? Die Lebensbedingungen der Wasserkrebse haben sich verändert, weil …
2. Darstellung des Experimentaufbaus	Wie wirkt sich ein Wasserkraftwerk auf die Lebensbedingungen von Süßwasserkrebsen aus?
3. Verlauf des Experiments in seinen Teilschritten (Durchführung)	
4. Darstellung der Ergebnisse des Experiments	
5. Überprüfung der Hypothese und Auswertung des Experiments	Hat sich der Standort eines Wasserkraftwerkes tatsächlich auf die Lebensbedingungen von Süßwasserkrebsen ausgewirkt?

Methoden zur Organisation und Planung der Projektarbeit

AUFGABE

Erstellen Sie eine Grobgliederung zu Ihrem Thema.

Der vierte Schritt: Die Grobgliederung in eine Feingliederung überführen

Eine Grobgliederung ist notwendig, um gezielt Informationen zum Thema zu suchen und die Arbeit zu strukturieren. Wenn Sie die inhaltlichen Schwerpunkte Ihrer Arbeit kennen, ist es nicht schwer, sich vertiefend mit dem Thema auseinanderzusetzen. Dies geschieht durch eine gezielte **Recherche** und das „Einlesen" in das Themengebiet (vgl. S. 22–25).

Thema: Ist Wasserkraft unsere Zukunft?

Die Grobgliederung

1. Die Definition von Wasserkraft
2. Historischer Überblick über die Nutzung von Wasserkraft
3. Darstellung der Energiegewinnung aus Wasserkraft
4. Die Erklärung der Energiegewinnung am Beispiel eines Wasserkraftwerkes
5. Die Wirtschaftlichkeit von Wasserkraft: Ist Wasserkraft unsere Zukunft?

Einlesen in das Themengebiet

Vertiefende Recherche

Die Feingliederung

1. Einleitung und Problemstellung
   Sind erneuerbare Energien eine Alternative für die zur Neige gehenden fossilen Energiequellen?
   Ist Wasserkraft unsere Zukunft?
2. Hauptteil
2.1 Die Definition von Wasserkraft
2.2 Die gesetzliche Grundlage für die Förderung erneuerbarer Energien vom 29. März 2000
2.3 Wasserkraft als Energiequelle – Historischer Überblick über die Nutzung von Wasserkraft
2.4 Darstellung der Energiegewinnung aus Wasserkraft
2.5 Energiegewinnung durch Wasserkraftwerke
2.5.1 Kleinwasserkraftwerk
2.5.2 Speicherkraftwerk
2.5.3 Gezeitenkraftwerk
2.6 Die Wirtschaftlichkeit von Wasserkraftwerken hinterfragen
2.6.1 Die Investitionsplanung
2.6.2 Die Darstellung der tatsächlichen Leistung eines Wasserkraftwerkes
2.6.3 Kosten im Vergleich – Was kosten erneuerbare Energien wirklich?
3 Schluss und Fazit
   Ist Wasserkraft unsere Zukunft?

2 Methoden zur Organisation und Planung der Projektarbeit

AUFGABE
Erarbeiten Sie auf der Grundlage Ihrer Grobgliederung die Feingliederung für Ihr Thema.

Der fünfte Schritt: Die endgültige Themenstellung formulieren
Bevor der Vertrag zum endgültigen Thema geschlossen wird, sollte Sie der Auftraggeber genau informieren, welchen Auftrag er Ihnen erteilt und welche konkreten Aufgaben und Pflichten Sie erfüllen müssen. Desgleichen müssen Sie wissen, welche Verpflichtungen der Auftraggeber übernimmt (Informationen liefern, Material und Aufwandsentschädigungen bereitstellen usw.).

Mit dem Auftraggeber und den Teammitgliedern sollte ein für alle verbindlicher **Themenvertrag** abgeschlossen werden. **Der Themenvertrag ist identisch mit dem Projektvertrag.** Das Formblatt für diesen Vertrag zum endgültigen Thema finden Sie auf der CD-ROM.

CD 2.1.2 Der Themenvertrag

Gruppenname	Wasserkraft
Klasse	BK1
Schule	Johann-Philipp-Reis-Schule Weinheim
Schuljahr	2009/2010
Projektthema	Ist Wasserkraft unsere Zukunft?
Kurzbeschreibung des Inhalts	Es soll der Frage nachgegangen werden, ob Wasserkraft als erneuerbare Energie in Deutschland gezielt gefördert werden soll, um die zukünftige Energieversorgung in Deutschland/Europa zu sichern.
	Das Gesetz, das für die Förderung der erneuerbaren Energien im Jahr 2000 verabschiedet worden ist, sieht eine solche Förderung vor.
	An Beispielen von Wasserkraftwerken soll die Arbeitsweise und die Leistungsfähigkeit der Kraftwerke im Vergleich mit anderen erneuerbaren Energien dargestellt werden.
Grobgliederung	1. Die Definition von Wasserkraft
	2. Historischer Überblick über die Nutzung von Wasserkraft
	3. Darstellung der Energiegewinnung aus Wasserkraft
	4. Die Erklärung der Energiegewinnung am Beispiel eines Wasserkraftwerkes
	5. Die Wirtschaftlichkeit von Wasserkraft: Ist Wasserkraft unsere Zukunft?
Mitglieder des Teams	
Name, Vorname	Unterschrift: Tobias Müller
Name, Vorname	Unterschrift: Marion Zimmer
Ort Datum	Weinheim, xx.xx.xx
Unterschrift des Betreuers/der Betreuerin	Peter Beispiel

Die Recherche
Eine zentrale Rolle für die inhaltliche Erschließung eines Themas spielt die Recherche, denn sie begleitet den gesamten Arbeitsprozess und dient der Gewinnung von Informationen zu Ihrem Projektthema.

Informationen findet man einerseits mittels einer gezielten Literatursuche (Bibliografieren) in Bibliotheken und andererseits vermehrt auch im Internet.

a) Wege der Informationsbeschaffung – Das Bibliografieren in einer Bibliothek

Man unterscheidet beim Bibliografieren das sogenannte Schneeballsystem und das Regalsystem. Beide Methoden sind für die Literaturrecherche wichtig.

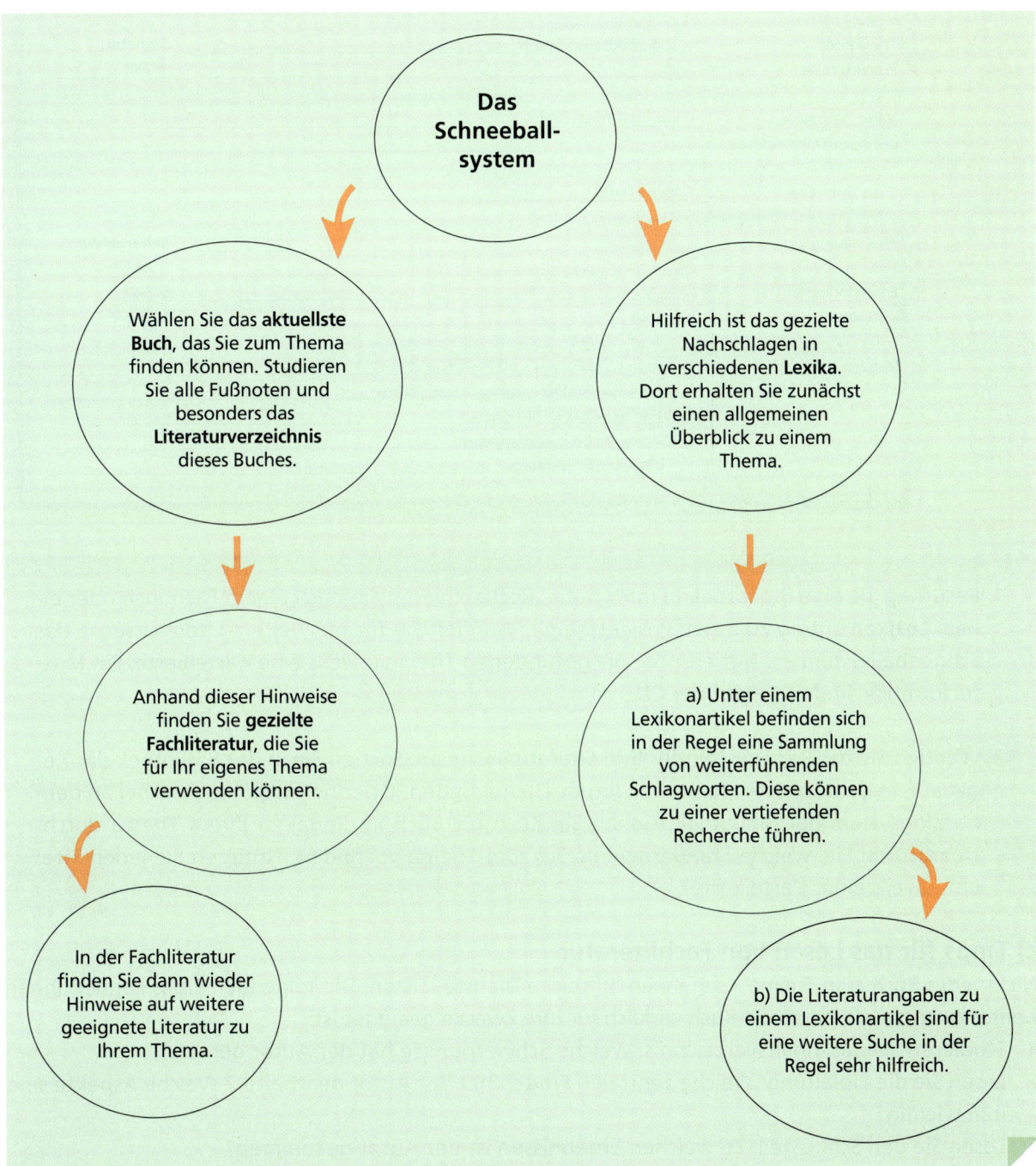

Eine Literatursuche nach dem **Regalsystem** meint das gezielte Durchsuchen des Regals in einer Bibliothek, das Fachliteratur für Ihr Themengebiet enthält. Recherchieren Sie hierfür zunächst im Schlagwortkatalog oder gehen Sie nach dem systematischen Katalog der Bibliothek vor.

2 Methoden zur Organisation und Planung der Projektarbeit

b) Tipps für die Organisation von Recherche-Daten

Wie behält man einen Überblick über die gefundene Literatur?
Für eine Literatursuche in der Bibliothek ist es empfehlenswert, zu jedem Buchtitel eine gesonderte Karteikarte anzulegen, auf der Sie Folgendes festhalten:

CD 2.1.3 Karteikarte zur Literaturrecherche

Thema der Projektarbeit	Ist Wasserkraft unsere Zukunft? BK1	Signatur: AK 2009
Name, Vorname des Autors/der Autoren	Hopp, Dieter/Vollrath, Brigitte	
Titel, Untertitel	Wasser – Krise?	
Erscheinungsort und Erscheinungsjahr Auflage	Weinheim 2004 3. Auflage	Seitenzahl/en S. 238–241 S. 63–164 S. 173
Notizen	– Grundlegende Informationen zum Wasserkraftwerk – Unterscheidung verschiedener Typen von Wasserkraftwerken – Darstellung von biochemischen Prozessen – Darstellung der Energiegewinnungsprozesse – Gute schematische Darstellungen	

AUFGABE

1. Besuchen Sie eine Bibliothek in Ihrer Nähe. Recherchieren Sie nach einem Fachbuch oder einem Lexikoneintrag zu Ihrem Projektthema. Wenden Sie für die weitere Literatursuche das Schneeballsystem an. Notieren Sie die gefundenen Titel in jeweils eine Karteikarte. Ein Musterformular finden Sie auf der CD.

2. Wenden Sie das Regalsystem für Ihre Literatursuche an: Suchen Sie in der Bibliothek das Regal auf, in dem Sie Fachliteratur zu Ihrem Thema finden. Orientieren Sie sich hierbei an dem Katalogsystem der Bibliothek. Gehen Sie Buch für Buch im Regal zu Ihrem Thema durch. Überprüfen Sie, welche Standardwerke Sie zum Thema vorfinden. Notieren Sie jeden Titel auf jeweils einer Karteikarte.

c) Tipps für das Lesen von Fachliteratur

Nicht jedes Buch zum Thema kann Ihnen hilfreiche Dienste leisten. Die folgenden Tipps können Ihnen helfen zu entscheiden, ob ein Buch wirklich für Ihre Zwecke geeignet ist:

1. Studieren Sie das Inhaltsverzeichnis: Welche Schwerpunkte hat der Autor gesetzt?
2. Lesen Sie die Einleitung: Welche zentralen Fragen hat der Autor bearbeitet? Welche Aspekte sind ihm wichtig?
3. Lesen Sie den Schlussteil: Zu welchen Ergebnissen ist der Autor gekommen?
4. Wählen Sie die für Ihr Thema relevanten Kapitel aus. Markieren Sie sich die Kapitel, die Sie nur überfliegen wollen. Überprüfen Sie, welche Kapitel völlig unwichtig für Ihr Thema sind. Notieren Sie sich alle wichtigen Informationen auf Ihrer Karteikarte.

Methoden zur Organisation und Planung der Projektarbeit

Die Internet-Recherche

Mittlerweile ist die Internetrecherche das übliche Mittel, um sich Informationen zu einem Thema zu beschaffen. Im Internet findet man sicherlich aktuelle Hinweise. Allerdings sind längst nicht alle Internetseiten seriös, denn jeder kann im Internet publizieren. Außerdem: Einmal eingestellt, bleiben viele Seiten über Jahre im Netz und veralten.

a) Tipps für die Internet-Recherche

Das Suchen nach dem Schnellballsystem funktioniert auch bei der Internetrecherche. Wenn Sie keine speziellen Adressen kennen, so ist der Einstieg über eine Suchmaschine empfehlenswert.

Hier finden Sie die gängigen Suchmaschinen:

http://www.google.de
http://www.hotbot.com
http://www.altavista.de
http://www.infoseek.com
http://www.fireball.de
http://www.lycos.de
http://www.yahoo.de
http://www.web.de
http://www.netguide.de
http://www.eule.de

In der Regel erhalten Sie bei einer Stichwortsuche mehrseitige Suchergebnisse. Das Durchsuchen eines Suchergebnisses ist genauso arbeitsintensiv wie die Literatursuche in einer Bibliothek. Auch hierbei können Sie die oben beschriebenen Lesehilfen anwenden. Allerdings müssen Sie diese auf die besondere Veröffentlichungsform einer Webseite übertragen.

Wie können Sie die Daten aus dem Internet auf ihre Brauchbarkeit und Seriosität hin überprüfen? Hierfür gibt es eine Checkliste:

Der Internet-Check

- [ ] Ist ein eigenständiges inhaltliches Profil zu erkennen?
- [ ] Gibt es eine redaktionelle Betreuung des inhaltlichen Angebots?
- [ ] Sind Autoren- oder Quellenangaben vorhanden?
- [ ] Spiegeln die Inhalte die politische oder fachwissenschaftliche Diskussion wider oder sind sie beliebig?
- [ ] Macht die Wortwahl einen seriösen Eindruck?
- [ ] Gibt es Ansprechpartner für inhaltliche Rückfragen?
- [ ] Ist ein Qualitätsstandard zu erkennen?
- [ ] Werden neue Inhalte kenntlich gemacht?
- [ ] Werden Links gepflegt?
- [ ] Warum sollte jemand gerade dieses Internet-Angebot besuchen?
- [ ] Wie aktuell sind die eingestellten Daten?

2 | Methoden zur Organisation und Planung der Projektarbeit

b) Die Verwaltung von Internet-Fundstellen

Wie verwaltet man geeignete Internetquellen oder Internet-Fundstellen am besten am PC?
Legen Sie sich direkt zu Beginn Ihrer Arbeit eine Datei auf Ihrem Rechner an, in die Sie alle Internetadressen eingeben, die Sie aufgesucht, durchgesehen und ausgewertet haben. Als Muster können Sie die kommentierte Linkliste (s. u.) verwenden. So können Sie Ihre Daten speichern:

CD 2.1.4 Die kommentierte Linkliste

Autor	
Titel	
Quellenangabe URN/URL/Internetadresse Datum des Abrufs auf der Seite vermerken!	http://www.lehrerfreund.de/in/schule/1s/word-linkliste-erstellen/2903/ Stand: 29.08.2008
Erscheinungsdatum	17.05.2007
Kommentar	Auf dieser Seite erfährt man, wie man mit Programmunterstützung (Word) eine kommentierte Linkliste erstellen kann.
Wichtige Informationen für …	Die Informationen dieser URL sind für mich nützlich, weil ich dort einen Hinweis erhalte, wie ich eine Linkliste verwalten kann.

HINWEIS
Da Internetquellen in der Regel genauso schnell verschwinden können, wie sie eingestellt worden sind, ist es wichtig, dass Sie vermerken, auf welchen Informationsstand Sie sich in Ihrem Quellennachweis beziehen, d. h., wann Sie auf diese Seite zugegriffen haben.
Allgemein kann man Internetquellen anhand dieser Angaben zitieren:
Autor, Titel, URN/URL/Internetadresse, Datum des Abrufs der Seite.

AUFGABE

Führen Sie eine Internet-Recherche durch. Notieren Sie die für Sie hilfreichen Seiten in Ihrer Linkliste. Ein Muster zum Ausfüllen finden Sie auf der beigefügten CD. Halten Sie alle Informationen schriftlich fest. Vergessen Sie nicht das Datum des Abrufs zu vermerken.

2.2 Methoden zur Ideenfindung

▶ **Ideenfindung – so sollte es nicht sein …** ▶ ▶

Jens:
Unsere Projektgruppe „Vorbereitung zum Schuljubiläum" soll Vorschläge für das Schulfest ausarbeiten, hat Doktor Schulz gesagt. Da fällt mir aber auch gar nichts ein!

Andrea:
Wieso, ist doch klar! Ich bin für Kuchen backen und verkaufen!

Önder:
So was Dämliches, das ist doch kein Projekt und eine originelle Idee ist das auch nicht gerade! Machen wir doch ein Puzzle!

Jens:
Willst du vielleicht das Schulhaus fotografieren und zusammensetzen lassen? Das ist doch Kinderkram.

Önder:
Jedenfalls besser als Kuchen zu backen!

Andrea:
Ich möchte endlich mal wissen, warum Kuchenbacken kein Projekt sein soll? Ist doch viel Arbeit!

Anna:
Ich finde ein Puzzle aber auch besser.

Jens: Dann doch lieber Kuchen!

Andrea:
Na also, seid Ihr einverstanden?

Önder und Anna:
Nein, sind wir nicht.

Ruth:
(kommt nicht zu Wort. Sie würde gerne eine Schulrallye vorschlagen.)

In jeder Phase der Projektarbeit gibt es Situationen wie in diesem Beispiel, in denen Ideen, Vorschläge oder Argumente gesammelt werden müssen. Oft geht es dann so zu wie oben: Nach gerade

2 Methoden zur Organisation und Planung der Projektarbeit

einmal drei Vorschlägen und endlosen Diskussionen ist die Zeit vorbei und man hat immer noch kein Ergebnis. Das Teammitglied, das den besten Vorschlag gehabt hätte, aber ein wenig schüchtern ist, ist gar nicht erst zu Wort gekommen.

Wie konnte das passieren? Das Team ist im vorhergehenden Beispiel nicht methodisch vorgegangen, denn in einer **Ideensammlungsphase** wird erst einmal **jeder Vorschlag** aufgegriffen, und sei er auch noch so absurd oder unrealistisch. In dieser Phase wird **nicht kommentiert**, nicht diskutiert und schon gar nicht kritisiert. Ziel dieser Phase ist es, möglichst viele Ideen zu sammeln – geordnet, kommentiert und bewertet wird später.

Hilfreich ist es, wenn sich die Teammitglieder die organisatorischen Aufgaben dieser Phase aufteilen. So sollte ein Moderator prinzipiell die Sitzungen leiten und ein Protokollant Notizen machen (vgl. Kapitel 2.6. S. 41, S. 59, S. 61)

>  Wichtige Ergebnisse der Ideensammlung sollen für die Dauer des Projektes aufgehoben werden, sei es in Papierform oder in Form eines Fotoprotokolls, bei der man sie mit einer Digitalkamera festhält und dem Team zur Verfügung stellt (Ordner, Mail).

Die folgenden Methoden haben sich zur Ideensammlung bewährt:

- **Zurufabfrage**
  - Verlauf: Jedes Teammitglied sagt, was ihm einfällt. Einer notiert die Ideen als Aufzählung untereinander.

  > **Beispiel: Vorbereitung zum Schuljubiläum**
  > – Kuchenbacken
  > – Kuchenverkauf
  > – Puzzle
  > – Schulrallye ...
  > –

  - Dauer: 5–10 Minuten.
  - Diese Methode ist für Gruppen von 3–25 Personen geeignet. Bei einer größeren Gruppe empfiehlt es sich, die zahlreichen Zurufe von zwei Personen aufschreiben zu lassen.
  - Der Vorteil dieser Methode ist, dass spontane Reaktionen möglich sind: Einer hört, was der andere sagt und kommt dadurch auf neue Ideen. Ein Nachteil ist, dass schüchterne Teammitglieder u. U. nicht zu Wort kommen.

- **Kreisabfrage**
  - Verlauf: Die Teammitglieder sitzen im Kreis oder an einem Tisch. Sie haben 5 Minuten Zeit, um sich Notizen zum Thema zu machen. Anschließend fragt der Moderator jeden – der Reihe nach – nach einer Idee. Der Erste beginnt, der Zweite folgt mit einer weiteren Antwort. Reihum nennt jeder einen Aspekt, der noch nicht erwähnt worden ist. Dies wird so lange fortgesetzt, bis keinem mehr etwas Neues einfällt. Ein Teammitglied schreibt alle Ideen mit.
  - Dauer: 5–15 Minuten je nach Gruppenstärke.

– Diese Methode ist für Gruppen ab drei Personen geeignet.
– Der Vorteil dieser Methode ist, dass alle zu Wort kommen.

• Zettelabfrage

– Verlauf: Nach der Benennung des Themas durch den Moderator erhält jedes Teammitglied drei Zettel (am besten Haftnotiz-Zettel) oder Karten. Pro Zettel wird eine Idee in großer und deutlicher Schrift festgehalten. Hat jemand mehr als drei Ideen, so kann er weitere Zettel erhalten. Nach etwa 5–10 Minuten sammelt der Moderator alle Zettel ein und mischt sie. Dann liest er sie nacheinander vor und das Team entscheidet, welche Karten zueinander passen; die Karten werden in Kreisen oder Spalten zusammengehängt (geclustert oder gereiht). Danach erhält jeder Cluster bzw. jede Spalte auf Vorschlag des Teams eine passende Überschrift.

▶ **Beispiel:** ▶ ▶

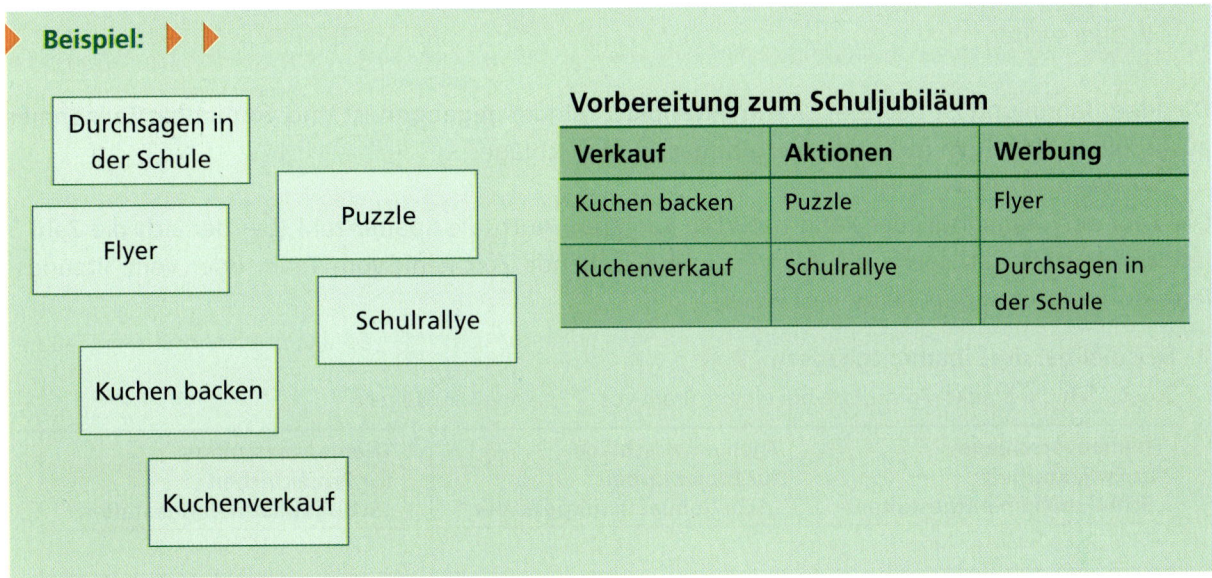

– Diese Methode ist für Gruppen bis zu 5 Personen geeignet und ohne Moderator nicht durchführbar.
– Der Vorteil ist, dass ein gut strukturierter Überblick über die Ideen zum jeweiligen Thema entsteht.

 Für die einfache Zettelabfrage genügen selbst angefertigte Zettel aus Schmierpapier, die mit Klebeband auf eine Tafel, einen Plakatbogen, an die Wand, an einen Schrank oder sonst eine unempfindliche und leicht zu säubernde glatte Fläche geklebt werden. Falls die Möglichkeit besteht, kann natürlich auch eine Metaplan-Ausrüstung benutzt werden (vorgefertigte Karten, Pinnwand, Flipchart, Filzstifte zum Schreiben und Stecknadeln, um die Zettel auf der Pinnwand zu befestigen).

• Die x-y-z-Methode

Dabei steht x für die Anzahl der Teammitglieder, y für die Anzahl der Ideen pro Runde (= Zahl der Spalten auf dem Formblatt, meist 3) und z für die Zeit, die pro Teammitglied und Zeile zur Verfügung steht. Eine Untervariante ist die klassische **6-3-5-Methode**, die hier als Beispiel dienen soll:

2 Methoden zur Organisation und Planung der Projektarbeit

X	Anzahl der Teammitglieder
Y	Anzahl der Ideen pro Assoziations-Runde
Z	Zeit pro Teammitglied und Zeile

▶ **Beispiel** ▶ ▶
- Das Team besteht aus **6 Personen**.
- Jeder erhält ein Blatt mit der Themenstellung, das in jeweils drei Spalten und drei Zeilen unterteilt ist. Er füllt nun die erste Zeile mit **3 Ideen**.
- Nach **5 Minuten** reicht er das Blatt seinem Nachbarn weiter und erhält seinerseits von seinem Nachbarn dessen Blatt mit drei Vorschlägen.
- Nun schreibt jeder in die nächste Zeile wieder in **5 Minuten 3 Ideen** und reicht dann das Blatt wieder weiter.

Die Ideensammlung ist beendet, wenn jedes Blatt reihum gegangen ist und von jedem Teilnehmer ausgefüllt wurde. Rein rechnerisch ergibt das 108 Vorschläge.

Die Zahl der Teammitglieder kann natürlich variieren. Auch die Spaltenzahl (bei der sich die Zahl 3 jedoch bewährt hat) sowie die zur Verfügung stehende Zeit kann vom Team oder vom Sitzungsleiter/Moderator anders festgelegt werden.

▶ **Beispiel bei drei Teammitgliedern** ▶ ▶

So können die Blanko-Formulare bei einem Team von 3 Personen aussehen:

Themenvorschläge für Projektarbeit „Schuljubiläum mitgestalten"				Themenvorschläge für Projektarbeit „Schuljubiläum mitgestalten"				Themenvorschläge für Projektarbeit „Schuljubiläum mitgestalten"		

⬇ ⬇ ⬇

So können die ausgefüllten Formulare nach dem dritten Durchgang aussehen (nachdem alle drei Teammitglieder ihre Ideen auf jedem Blatt eingetragen haben):

Blatt von Teammitglied A

	Themenvorschläge für Projektarbeit „Schuljubiläum mitgestalten"		
1. Runde	1. Idee von A: Ausstellung „Geschichte unserer Schule"	2. Idee von A: Beim Jubiläumsfest Stand mit selbst gebrautem Bier	3. Idee von A: Vorstellen unserer Schulart, dem Berufskolleg
2. Runde	4. Idee von B: Ausstellung zum Barockarchitekten Balthasar Neumann	5. Idee von B: selbst gebrautes Bier und Fruchtsäfte	6. Idee von B: Schulrallye für Gäste
3. Runde	7. Idee von C: ~ mit Verkauf von Plaketten	8. Idee von C: –	9. Idee von C: ~ einschließlich Werkstätten; Gäste sollen selber was machen dürfen

Methoden zur Organisation und Planung der Projektarbeit

Blatt von Teammitglied B

Themenvorschläge für Projektarbeit „Schuljubiläum mitgestalten"

1. Runde	1. Idee von B: Organisation der Reinigung der Zufahrtswege zur Schule durch Schüler	2. Idee von B: Aufstellen von selbst gemachten Fackeln am Abend	3. Idee von B: Tischdekoration basteln für Festessen
2. Runde	4. Idee von C: Stand mit Obst	5. Idee von C: Tombola	6. Idee von C: Flohmarkt
3. Runde	7. Idee von A: Rap-Vorführung organisieren	8. Idee von A: —	9. Idee von A: Flohmarkt mit alten Schulbüchern und Lektüren aus der Bibliothek

Blatt von Teammitglied C

Themenvorschläge für Projektarbeit „Schuljubiläum mitgestalten"

1. Runde	1. Idee von C: CNC-Maschinenvorführung mit Gravur von Gästenamen	2. Idee von C: Plaketten mit Balthasar Neumann in Werkstätten herstellen und verkaufen	3. Idee von C: Film über Schule drehen und vorführen
2. Runde	7. Idee von A: Gästen Funktion von CNC-Maschinen erläutern, Präsentation	8. Idee von A: —	9. Idee von A: kleines Theaterstück zu Balthasar Neumann
3. Runde	4. Idee von B: —	5. Idee von B: ~ aus 5-Cent-Stücken	6. Idee von B: Musikband zusammenstellen und spielen lassen

Bewertung

Erst jetzt, nach der Ideensammlung, werden die Ideen geordnet und bewertet: Was gefällt uns? Was ist machbar? Was ist wichtig? Welche Idee ist originell, muss aber abgeändert werden, um realisiert werden zu können?

Dazu legt man die Blätter am besten nebeneinander oder hängt sie auf. Jetzt werden sie durchgesprochen und diskutiert. (Was ist sinnvoll? Was machbar?) Diese Diskussion darf aber nicht ausufern, weshalb eines der Teammitglieder die Diskussionsleitung in die Hand nehmen sollte (vgl. Kapitel 2.6, S. 62 f.).

Schließlich muss eine **Entscheidung** getroffen (Welche Idee wollen wir verwirklichen?) oder, bei mehreren ausgewählten Ideen, zumindest eine **Reihenfolge** festgelegt werden. (Wie bewerten wir die einzelnen Ideen nach Wichtigkeit, wie nach Dringlichkeit?)

Fällt dem Team eine Entscheidung sehr schwer oder kann es sich nicht einigen, dann empfiehlt sich eine **Mehrpunkt-Bewertung**. Dazu erhält jedes Teammitglied mindestens 3 Klebepunkte, bei einer großen Auswahl wie etwa bei der x-y-z-Methode 5 oder 7 Punkte. Jeder darf auf die Idee, die ihm am wichtigsten ist, Punkte anhäufen, und zwar pro Idee
- maximal 2 Punkte, wenn 3 Punkte zur Verfügung stehen,

- maximal 3 Punkte, wenn 5 Punkte zur Verfügung stehen,
- maximal 3 Punkte, wenn 7 Punkte zur Verfügung stehen.

Die restlichen Punkte können nach Belieben gesetzt werden.

Natürlich kann die Methode auch abgewandelt werden. So können auch einfache Kreuzchen auf die entsprechenden Kästchen gezeichnet werden.

> **TIPP** Ideensammlungen sollten unbedingt (z. B. im Projektordner (vgl. Kapitel 2.5.3, S. 28–31) oder als Plakat bei einem Teammitglied) als Anregung oder zur Weiterbearbeitung aufgehoben werden.

AUFGABE

Die Klasse wird in Gruppen von 3–5 Personen eingeteilt (die mit den Teamgruppen identisch sein können). Üben Sie an ein und demselben Thema oder an verschiedenen Themen:
1. Zurufabfrage
2. Kreisabfrage
3. Zettelabfrage
4. x-y-z-Methode

Die Gruppe stellt sich hierbei selbst ein Thema (bei einem Team möglicherweise passend zur Projektarbeit)
oder bearbeitet eines der folgenden Themen:
Ideen für ein Projektthema / Aufstellen von Teamregeln / Klassenausflug / Ideen für ein Sportfest / Wie können wir den Zusammenhalt in unserer Klasse (Team, Gruppe) verbessern?

CD 2.2.1 Ein Formular für die x-y-z-Methode finden Sie auf der CD-ROM.

2.3 Methoden zur Strukturierung der Arbeitsergebnisse

Nach dem Sammeln der Ideen müssen die Ergebnisse geordnet werden. Dies kann durch Visualisierung mithilfe von **Strukturzeichen** (Kreuzchen, Spiegelstriche) geschehen oder durch Zeichnungen, Gegenüberstellungen und ähnliche Mittel. Das Team erhält dadurch einen **Überblick über die Ideen** und erleichtert sich sowohl Bewertung und Auswahl als auch die Diskussion darüber.

Anhand einiger Beispiele sollen Ihnen die geeignetsten Darstellungsformen vorgestellt werden. Als Grundlage dient wieder – wie bereits in Kapitel 2.2 Methoden zur Ideenfindung – das Projekt „Schulfest zum Schuljubiläum der Balthasar-Neumann-Schule".

Aufzählung

Die Aufzählung ist **das einfachste Ordnungsprinzip**. Die Stichpunkte werden untereinander geschrieben und mit einem Spiegelstrich, Punkt oder Kreuzchen versehen, damit sie deutlich voneinander abgegrenzt sind. Die Aufzählung benutzt man als **Standard-Darstellung** bei Zurufabfragen.

Methoden zur Organisation und Planung der Projektarbeit

▸ **Mögliche Projekte zum Schuljubiläumsfest** ▸ ▸
- Ausstellung „Geschichte unserer Schule"
- Stand mit selbst gebrautem Bier
- Vorstellen des Berufskollegs
- Rap-Vorführung
- Flohmarkt mit alten Büchern aus Bibliothek
- Ausstellung zu Balthasar Neumann
- Tischdekorationen basteln
- Reinigen der Zufahrtswege zur Schule
- Verkauf von Plaketten von Balthasar Neumann
- Verkauf von Obst
- Tombola
- Schulrallye
- Film über Schule drehen

Mindmap

Die Methode, mithilfe einer Mindmap Ideen zu strukturieren, wurde Ihnen bereits im Kapitel 2.1 auf S. 18 vorgestellt. Eine Mindmap zum Thema „Ideensammlung für das Schuljubiläumsfest" könnte etwa so aussehen:

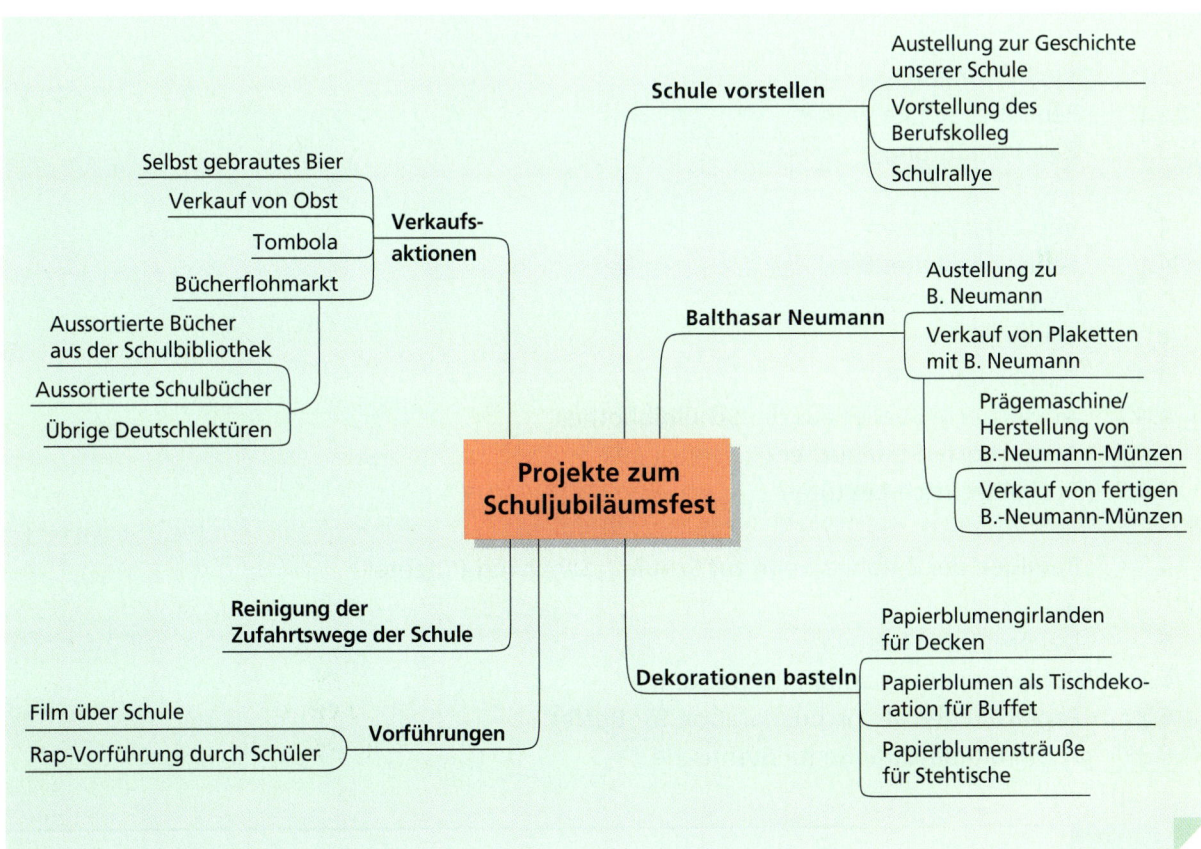

Mindmap: Projekte zum Schuljubiläum

Gliederung

Eine Gliederung basiert auf einem ähnlichen Prinzip wie eine Mindmap. Wie bei einer Mindmap gibt es auch hier **übergeordnete Punkte**, zu denen **Unterpunkte** (ersten und zweiten Grades = Unterpunkte

2 Methoden zur Organisation und Planung der Projektarbeit

zum Unterpunkt) gehören. Der Unterschied besteht darin, dass bei einer Gliederung eine Reihenfolge vorgegeben wird. Die Mindmap hat den Vorteil, beliebig ergänzt und erweitert werden zu können, die Gliederung sorgt dagegen für eine klare und übersichtliche Reihenfolge.

Die klassische **dekadische** (= nach Nummern sortierte) **Gliederung** eignet sich besonders gut für die Gliederung von Aufsätzen und für Inhaltsverzeichnisse. Beispiele finden Sie in fast jedem Schulbuch; auch das Inhaltsverzeichnis dieses Arbeitsheftes ist nach diesem Grundmuster aufgebaut.

> **Beispiel: Projekte zum Schuljubiläumsfest** ▶ ▶
>
> 1   Schule vorstellen
> 1.1   Ausstellung Geschichte unserer Schule
> 1.2   Vorstellen des Berufskollegs
> 1.3   Schulrallye
>
> 2   Balthasar Neumann
> 2.1   Ausstellung zu Balthasar Neumann
> 2.2   Verkauf von Plaketten mit Balthasar-Neumann-Porträt
> 2.2.1   Gäste legen Cent-Stück unter Prägemaschine
> 2.2.2   Fertige, vernickelte Plaketten
>
> 3   Vorführungen
> 3.1   Film über Schule drehen
> 3.2   Rap-Vorführung
>
> 4   Verkaufsaktionen
> 4.1   Selbst gebrautes Bier
> 4.2   Verkauf von Obst
> 4.3   Tombola
> 4.4   Bücherflohmarkt
> 4.4.1   Aussortierte Bücher aus der Schulbibliothek
> 4.4.2   Aussortierte Schulbücher
> 4.4.3   übrige Deutsch-Lektüren
>
> 5   Reinigen der Zufahrtswege zur Schule („Schulweg-Putzete")
>
> 6   Dekorationen basteln
> 6.1   Papierblumengirlanden für Decken
> 6.2   Papierblumen als Tischdekoration für Buffet
> 6.3   Papierblumensträuße für Stehtische

HINWEIS Das Inhaltsverzeichnis der Dokumentation sollte nach dem dekadischen Gliederungssystem erstellt werden (vgl. Kapitel 3.3, S. 72).

Bei reinen Ideensammlungen kann auch ohne Ziffern gearbeitet werden, doch muss ganz deutlich werden, welche Unterpunkte zu welchem übergeordneten Punkt gehören:

> **Beispiel: Verkaufsaktionen** ▶ ▶
> - Selbst gebrautes Bier
> - Verkauf von Obst
> - Tombola
> - Bücherflohmarkt
>   - Aussortierte Bücher aus der Schulbibliothek
>   - Aussortierte Schulbücher
>   - Übrige Deutsch-Lektüren

AUFGABE

1. Ordnen Sie die Ideensammlung der Übung von Kapitel 2.2
   a) in Form einer Aufzählung,
   b) in Form einer Mindmap,
   c) in Form einer Gliederung.
2. Wandeln Sie das Inhaltsverzeichnis dieses Heftes in eine Mindmap um.
3. Suchen Sie im Kapitel 4 Präsentation auf Seite 91–93 die Beurteilungskriterien heraus und stellen Sie diese in Form einer Gliederung dar.

2.4. Methoden zur Organisation und Planung – Der Umgang mit der Zeit

Wie viel Zeit haben Sie zur Verfügung und wie teilen Sie sich diese ein?
Wenn man in einem Projektteam arbeitet, spielt der Umgang mit der eigenen Zeit und der Zeit der anderen eine grundlegende Rolle.
Die folgenden Planungsinstrumente sind Hilfsmittel und unterstützen Sie dabei, die vorhandene Zeit für die Erledigung Ihrer Aufgaben so gut wie möglich zu nutzen.

2.4.1 Der Projektplan

„Ein Plan ist nicht alles, aber ohne Plan ist alles nichts."

In der Regel verlangt der Auftraggeber bei Abgabe der Projektunterlagen auch einen Projektplan. In diesem werden die Arbeitsprozesse eingetragen, die bis zu einem bestimmten Zeitpunkt abgeschlossen sein müssen.

Ein ausgefüllter Projektplan spiegelt die umfassenden Projektprozesse wieder. Wie kompakt Ihr Projektplan ausfallen wird, hängt davon ab, welche Anforderungen von Ihrem Auftraggeber an Sie gestellt werden. Anhand der folgenden Checkliste können Sie die Arbeit mit einem Projektplan überprüfen.

Auf der CD-ROM finden Sie ein Formular, das Sie für die Erstellung eines Projektplans nach Ihren Bedürfnissen bearbeiten können.

Methoden zur Organisation und Planung der Projektarbeit

CD 2.4.1 Checkliste für die Arbeit mit dem Projektplan

- [ ] Wurden die Terminvorgaben des Auftraggebers eingetragen?
- [ ] Wurden vor zentralen Abgabeterminen (von Zwischenbericht, Dokumentation, Präsentation) Zeitpuffer farblich markiert?
- [ ] Wurden alle Aufgaben, die sich über einen längeren Zeitraum erstrecken, vermerkt?
- [ ] Kennzeichnen Sie mit unterschiedlichen Farben (z. B. verschiedenfarbige Post-its oder Pinns) die Tätigkeiten, die die verschiedenen Teammitglieder übernommen haben. Wurde dies nach der Besprechung aktualisiert?
- [ ] Wurden alle Besprechungstermine eingetragen?
- [ ] Wurden die Tätigkeiten und Aufgaben, die sich aus den Besprechungen ergaben, vermerkt?
- [ ] Wurde der Projektplan am Ende der Teamsitzung anhand der To-do-Liste (vgl. Kapitel 2.5.1, S. 40–41) und dem neuesten Protokoll aktualisiert?
- [ ] Hat sich jedes Teammitglied seine eigenen Aufgaben notiert?

2.4.2 Einen Wochenplan erstellen und seine Ziele bewerten

In einem Wochenplan hält man zweierlei fest. Zunächst legt man bewusst die Rangfolge von vielen möglichen Aufgaben fest und entscheidet, welche Aufgabe am wichtigsten ist und zuerst angepackt werden muss. Dann werden komplexe Aufgaben in Teilziele zergliedert. Auch diese werden in der Reihenfolge festgehalten, in der sie erledigt werden müssen.

So erstellen Sie einen Wochenplan

1. Termine sammeln	Zunächst werden alle Termine gesammelt, bevor diese in den Wochenplan übernommen werden. Dabei ist es sehr wichtig, den Zeitbedarf für einen Termin möglichst realistisch einzuschätzen.
2. Arbeitsziel festlegen	Legen Sie als Nächstes Ihre Ziele fest, die Sie in dieser Woche erreichen wollen. Welche Arbeitsergebnisse sollen am Ende der Woche erzielt worden sein? Wochenziele sollten machbar und überprüfbar sein.
3. Zeitplan erstellen	Im Anschluss überlegen Sie, wie Sie Ihre Arbeit auf die Woche so verteilen, dass Sie tatsächlich die dringenden Aufgaben im Laufe der Woche erledigen. Tragen Sie in den Plan ein, was Sie wann erledigen wollen. Diese Aufgaben erhalten durch den Eintrag Verbindlichkeit.
4. Abschließende Überprüfung	Es empfiehlt sich, den Wochenplan am Ende der Woche daraufhin zu überprüfen, was Sie erledigt haben. Legen Sie dann einen neuen Wochenplan an.

TIPP	Fangen Sie bei der Planung immer mit der Freizeit und der Erholung an. Einen Ausgleich braucht jede/r, um neue Kraft für die Aufgaben zu tanken.

Methoden zur Organisation und Planung der Projektarbeit

Wochenplan
Woche vom 24.06.–28.06.

CD 2.4.2.1

Projektthema: Ist Wasserkraft unsere Zukunft?

Welche Aufgaben wollen wir erledigen?	Montag	Dienstag	Mittwoch	Donnerstag	Freitag	Samstag	Sonntag
Arbeit an der Dokumentation			Arbeit an den Kapiteln 2.1 bis 2.4				
Erstellung eines Inhaltsverzeichnisses und Literaturverzeichnisses	Ausgefüllte Linklisten zur Literaturrecherche vorbereiten		Zeitpuffer: 8. und 9. Stunde Linkliste fertig?	16.00 Schule Teamsitzung: Arbeit an dem Inhaltsverzeichnis und dem Literaturverzeichnis muss fertig werden.			PAUSE PAUSE PAUSE PAUSE PAUSE PAUSE
Aufteilung der Kapitel: Wer schreibt was?	16.00 Schule Teamsitzung: Aufteilung der Kapitel: Wer schreibt was?						

Checkliste
- ☑ Wochenaufgabe/n bestimmt? ⟶
- ☑ Alle Aufgaben aufgeschrieben?
- ☑ Alle Termine eingetragen?
- ☑ Zeitpuffer für Unvorhersehbares vorgesehen?
- ☑ Prioritäten festgelegt? (Zuerst erledigen!)
- ☑ Wichtige Aufgaben gekennzeichnet?
- ☑ Alle Aufgaben gut vorbereitet? (Ideen, Unterlagen, Planung, …)

Wochenaufgabe/n:

Priorität
Erstellung eines Inhaltsverzeichnisses und Literaturverzeichnisses

Aufteilung der Kapitel: Wer schreibt was?
Zeitpuffer am: Mittwoch, 8. und 9. Stunde haben wir je eine Freistunde

Nicht vergessen, weil zuerst zu erledigen:
– Ausgefüllte Linklisten zur Literaturrecherche vorbereiten

Vorbereiten bis Donnerstag, 27.06.

AUFGABE

1. Erstellen Sie einen persönlichen Wochenplan für Ihre nächste Woche, indem Sie den vier Arbeitsschritten der Tabelle „So erstellen Sie einen Wochenplan" (vgl. S. 36) folgen. Versehen Sie Ihren Wochenplan mit allen notwendigen Eintragungen. Orientieren Sie sich am obigen Beispiel.

2. Überprüfen Sie nach dieser Woche anhand der folgenden Checkliste, wie effektiv Sie Ihre geplanten Aufgaben erfüllt haben.

2 Methoden zur Organisation und Planung der Projektarbeit

CD 2.4.2.2 Checkliste: Auswertung eines Wochenplans

- ☐ Welche Aufgaben habe ich erledigt?
- ☐ Welche Probleme musste ich lösen?
- ☐ Wie habe ich diese gelöst?
- ☐ Welche Aufgaben habe ich nicht erledigt?
- ☐ Aus welchem Grund habe ich diese nicht bearbeitet?
- ☐ Ist es sinnvoll diese unerledigten Aufgaben in die nächste Woche mitzunehmen?
- ☐ Habe ich mir ausreichend Freizeit, Ausgleich oder Pausen gegönnt?
- ☐ Was habe ich aus der letzten Woche gelernt?
- ☐ Habe ich meine Zeit durch meine Planung optimal genutzt?

TIPPS
- Übertragen Sie den Projekt-Wochenplan in Ihren privaten Kalender.
- Verwenden Sie einen Kalender, der eine Wochenübersicht bietet.
- Markieren Sie die Einträge für die Projektarbeit in einer bestimmten Farbe.
- Nehmen Sie sich am Wochenende 15 Minuten Zeit für Ihren Wochenplan.

2.4.3 Wichtige Aufgaben mit der ABC-Analyse unterscheiden

„Beginne damit, das Nötige zu tun. Dann tue das Mögliche und plötzlich tust du das Unmögliche."
Franz von Assisi

Innerhalb der Projektarbeit wird von jedem Teammitglied erwartet, dass es während einer bestimmten Zeit konkrete Aufgaben erledigt und weiß, was zuerst bearbeitet werden muss.
Mit der ABC-Analyse können Sie Aufgaben in bestimmte Kategorien einstufen, damit Sie diese nach Wichtigkeit unterscheiden lernen. Diese Analyse ist dann besonders hilfreich, wenn man die Aufgaben für einen Tagesplan erstellen will.
Die unverzichtbaren Aufgaben (A) **müssen** zuerst erledigt werden. Wichtig dabei ist allerdings, dass Sie mindestens die Hälfte Ihrer Zeit dafür einplanen. Die wichtigen Aufgaben (B) **sollten** anschließend erledigt werden. Die dritte Aufgabenkategorie (C) enthält Aufgaben, die dann erledigt werden **können**, falls noch Zeit dafür ist.

> **Beispiel:** ▶ ▶
> **Ausgangssituation:**
> Maren hat am Nachmittag drei Stunden für die Projektarbeit reserviert. Ihre leistungsstärkste Zeit liegt zwischen 15.00 und 18.00 Uhr. In dieser Zeit wird sie aber von den meisten Freunden angerufen. Deshalb schaltet sie ihr Handy in dieser Zeit aus und bittet ihre Familie, Anrufe oder Störungen für diese Zeit von ihr fern zu halten, damit sie effektiv und konzentriert arbeiten kann. Bevor sie mit der Arbeit beginnt, überprüft sie die To-do-Liste (vgl. Kapitel 2.5.1, S. 39–41) der letzten Teamsitzung, um die zu erledigenden Aufgaben in die Kategorien A, B und C einzuteilen. Dabei kommt sie zu folgendem Analyseergebnis:

Methoden zur Organisation und Planung der Projektarbeit

Kategorie der Aufgabe			Priorität festlegen
A	Unverzichtbar	MUSS	Ich muss heute einen Fragebogen für die Umfrage erstellen. Dafür rechne ich 90 Minuten meiner Zeit ein.
B	Wichtig	SOLL	Ich sollte dann die Briefe für die Lehrer schreiben, in deren Klasse die Umfrage durchgeführt werden soll. Dafür benötige ich 60 Minuten Zeit. Außerdem sollte ich morgen mit den Lehrer/innen auf der Grundlage dieses Briefes sprechen, wann wir in ihre Klasse kommen können. Das muss ich noch planen.
C	Notfalls auch verzichtbar	KANN	Die restlichen 30 Minuten könnte ich dafür verwenden, die Protokolle der letzten Teamsitzung in den Projektordner abzulegen und den Projektordner (vgl. Kapitel 2.5.3, S. 45–48) auf den aktuellen Stand bringen.

CD 2.4.3

AUFGABE

Fertigen Sie für einen Wochentag eine ABC-Analyse. Notieren Sie zunächst alle Aufgaben, die Sie an diesem Tag erledigen müssen. Legen Sie fest, welche Aufgaben unverzichtbar, wichtig und notfalls verzichtbar sind. Halten Sie Ihr Ergebnis in dem Strukturformular fest.

2.5 Methoden zur Strukturierung von Arbeitsprozessen
2.5.1 Die To-do-Liste (Erledigungsliste, Aktivitätenliste)

Wer kennt es nicht? „Man sollte …", „Wir müssen …" „Ich müsste eigentlich …" Und dann geschieht – nichts. Dagegen hilft die To-do-Liste (Erledigungsliste, Aktivitätenliste), denn sie macht aus guten Absichten konkrete Arbeitsschritte. Es klingt unglaublich, aber alle Erfahrung zeigt, dass durch diese Listen Aufgaben als verbindlich empfunden und tatsächlich erledigt werden.

Wie muss die To-do-Liste aussehen?

Die **To-do-Liste (Erledigungsliste, Aktivitätenliste)** hält fest
1. **was** genau erledigt werden muss (**Auftrag**),
2. **wer** verantwortlich ist (**Verantwortlicher** und **Helfer**),
3. bis **wann** der Auftrag erledigt sein soll (**Datum**, unter Umständen Uhrzeit),
4. **wie** der Auftrag erledigt sein soll.

2 Methoden zur Organisation und Planung der Projektarbeit

Die Aufgaben müssen ganz konkret und genau formuliert und eine größere Aufgabe in möglichst **kleine Schritte** zerlegt werden.

Alle Teammitglieder kennen die aktuelle To-do-Liste (hängt aus, wird mit dem Protokoll verteilt und/oder wird abgeschrieben). Jedes Teammitglied notiert darüber hinaus seine Aufgaben für sich selbst in eine persönliche To-do-Liste und zerlegt sie gegebenenfalls in noch kleinere konkrete Arbeitsschritte. In der nächsten Teamsitzung wird die To-do-Liste überprüft, nicht Erledigtes auf die nächste Liste gesetzt.

To-do-Liste vom 29.09.20xx

Projekt: Werbematerial für Sportverein Kleinrohrbach

Teilnehmer: Vereinsvorsitzender Wenz, Kassenwart Krüger, Sergej Drüner, Anita Klein, Herbert Kowalski

Was ist zu tun?	Wer / mit wem?	Bis wann zu erledigen?
Material über den Sportverein mit Vorstellen der einzelnen Sportarten; an Herrn Krüger (Prospekte) und Katharina (Mail)	Herr Wenz	03.11.
Auswertung des Materials, erste Überlegungen zur Gestaltung, vorsortieren, ordnen	Katharina mit Herbert	06.11.
Erste Besprechung wegen eines Grobentwurfs für einen Flyer im Vereinsheim, Materialdurchsicht, Handskizze	Katharina mit H. Krüger u. Herbert	08.10
Auswertung der Besprechung, Grobentwurf erstellen (mit Text, Grafiken, Zeichnungen)	Katharina, Sergej, Anita, Herbert	Treffen 10.10.
Bei Vorstand beantragen: Kauf eines neuen Scanners für das Team; Team informieren	Herr Wenz mit Herrn Krüger	30.10
Rathaus wegen Copyright von Musterstadt-Foto fragen und Team, Herrn Wenz + Herrn Krüger per Mail informieren	Sergej	30.10.

Für manche Projekte oder Projektphasen können die To-do-Listen auch differenzierter gestaltet werden; die Teammitglieder merken sehr schnell, welche Form den Bedürfnissen des Teams oder den Erfordernissen des Projektes entspricht.

Methoden zur Organisation und Planung der Projektarbeit

AUFGABE

1. Erstellen Sie eine To-do-Liste Ihrer Teamsitzung.
2. Stellen Sie sich vor, Sie hätten zusammen mit drei Klassenkameraden die Aufgabe, ein Logo für eine Schulrallye zu entwerfen. Schreiben Sie eine To-do-Liste.

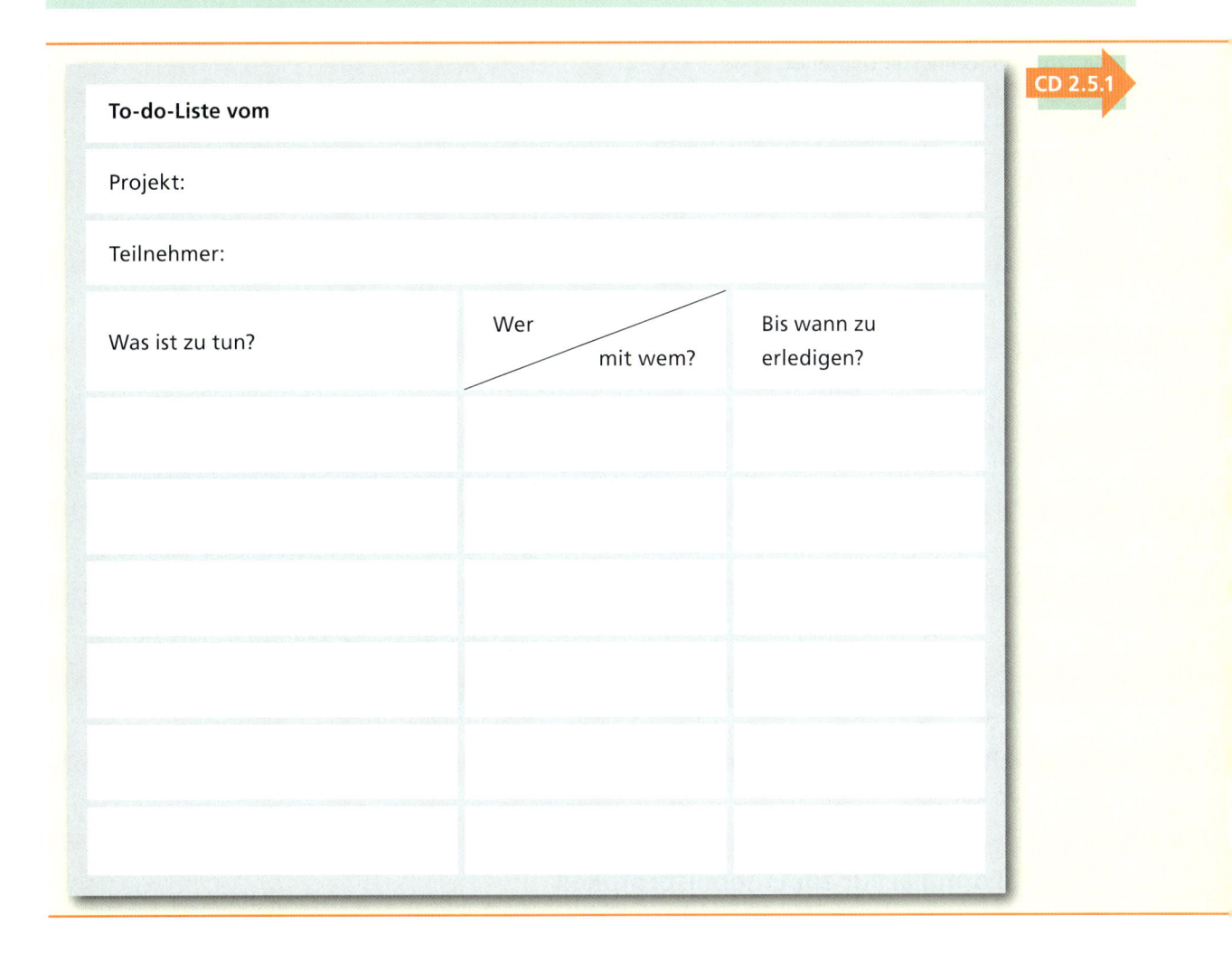

CD 2.5.1

To-do-Liste vom		
Projekt:		
Teilnehmer:		
Was ist zu tun?	Wer mit wem?	Bis wann zu erledigen?

2.5.2 Das Protokoll

Ein Protokoll ist ein schriftlicher Bericht, der über den Inhalt, Verlauf und das Ergebnis eines Gesprächs, einer Diskussion oder einer Teambesprechung informiert. Es basiert auf einer Mitschrift, die parallel z.B. zu einer stattfindenden Teambesprechung vom Protokollanten angefertigt wird (vgl. Kapitel 2.6, S. 59). Was inhaltlich ins Protokoll aufgenommen wird, hängt von der gewünschten Form ab (siehe Tabelle). Häufig wird auch zum Beginn einer Teambesprechung festgelegt, welche Aspekte in das Protokoll aufgenommen werden sollen.

Ein Protokoll wird für jede Teambesprechung geschrieben. Der Inhalt einer Teambesprechung muss festgehalten werden, sodass das Team einen Überblick über die laufenden Arbeitsprozesse, die neuesten Entwicklungen und die Aufgabenverteilung bewahren kann. Das Protokoll erfüllt primär die Aufgabe eines **Informationsspeichers**.

Methoden zur Organisation und Planung der Projektarbeit

Neben den inhaltlichen Besprechungsergebnissen werden **organisatorische Aspekte** festgehalten, z. B., wie anstehende Tätigkeiten oder Aufgaben auf die Teammitglieder verteilt wurden.
Das formgerechte Protokoll erfüllt außerdem die Funktion eines juristischen Dokuments mit Urkundencharakter.

Die Protokollformen im Überblick

Verlaufsprotokoll	Ergebnisprotokoll	Teamprotokoll als Form des Ergebnisprotokolls	Gedächtnisprotokoll
Ein Verlaufsprotokoll gibt vollständig, d. h. ohne Lücken, den chronologischen Ablauf z. B. einer Besprechung oder Teamsitzung wieder.	Ein Ergebnisprotokoll hält die inhaltlichen Ergebnisse eines Gespräches sowie die Beschlüsse und Entscheidungen in präziser Weise fest.	Das Team- oder Ergebnisprotokoll fixiert die Arbeitsergebnisse und den Weg der Problemlösung. Es enthält besonders Vereinbarungen, die den Arbeitsprozess betreffen: Wer erledigt was bis wann?	Das Gedächtnisprotokoll ist eine Art formlose Gedächtnisstütze. Sie können es für Ihre persönlichen Aufzeichnungen verwenden, wenn Sie z. B. ein Gespräch mit Ihrem Auftraggeber hatten, in dem Sie unterschiedlicher Meinung waren.

Hilfen und Hinweise für das Ergebnisprotokoll von Teambesprechungen

Sie finden auf Ihrer CD-ROM zwei verschiedene Formulare, mit deren Hilfe Sie Ihre Teamprotokolle strukturieren können.

CD 2.5.2 Formular für ein Ergebnisprotokoll

	Teambesprechung
Projekt/ Projektthema	Ist Wasserkraft unsere Zukunft?
Projektteam	Wasserkraft
Anlass der Besprechung	Besuch des Geschäftsbereichs Wasserkraftwerke der Alstom Power Systems GmbH in Mannheim Planung, Organisation, Erstellung eines Fragebogens für das Interview mit Herrn Müller (Öffentlichkeitsarbeit)

Methoden zur Organisation und Planung der Projektarbeit

Fortsetzung: Ergebnisprotokoll

Einladung	
Datum	Montag, 09.02.20xx
Zeit	13.15–15.00 Uhr
Ort/Raum	JPR-Schule Weinheim, R 307 (Klassenraum)
Teilnehmer/innen	Jenny Albrecht, Markus Frei, Matthias Mai, Christiane Schmitt
Sitzungsleiter/in	Christiane Schmitt
Protokollant/in	Matthias Mai
Verteiler	Matthias Mai, Jenny Albrecht, Markus Frei, Christiane Schmitt

Tagesordnung		
Nr.	TOP, Thema	Dauer
1	Brief an Herrn Müller (Öffentlichkeitsarbeit) Alstom Power Systems GmbH in Mannheim, Festlegung des Inhalts	13.15–14.00
2	Erstellung eines Fragebogens für das Interview mit Herrn Müller	14.00–15.00

Ergebnisprotokoll und Vereinbarung zur Weiterarbeit			
zu TOP Nr.	Ergebnis, Vereinbarung zu obigen TOPs	Wer?	Termin
1	Inhaltliche Gestaltung (vgl. Anlage) Einholen der Erlaubnis bei der Schulleitung für diesen Brief	Jenny, Matthias	bis 13.02.xx
2	Entwicklung eines Fragebogens – Fragen zum Unternehmen – Produkte und Handel, Fragen über die weltweite Verbreitung der Produkte von Alstom – Fragen zu Chancen und Risiken von Wasserkraft	Christiane, Markus	bis 15.02.xx

Datum der nächsten Sitzung	Sonntag, 15.02.xx
Zeit	15.00–18.00 Uhr
Ort/Raum	bei Matthias in Birkenau, Hauptstraße 14
Protokolliert von	Matthias Mai
Protokolliert am und verschickt	10.02.20xx
Unterschrift	*Matthias Mai*
Anlage	Briefentwurf, To-do-Liste

Methoden zur Organisation und Planung der Projektarbeit

To-do-Liste für den Protokollanten

Treffen Sie vor der Sitzung Absprachen mit dem Sitzungsleiter (vgl. Kap. 2,6, S. 59): Wurde die Protokollform abgestimmt?

☐ Haben Sie besprochen, welche Inhalte ins Protokoll aufgenommen werden sollen?

☐ Haben Sie geklärt, ob Redebeiträge namentlich kenntlich gemacht werden sollen?

☐ Wurde abgesprochen, wann das Team das Protokoll erhalten haben muss?

Fragen Sie während der Sitzung nach:

☐ Wenn ein Tagesordnungspunkt nicht im vorgegebenen Zeitraum besprochen wurde, fragen Sie nach, wie weiter vorgegangen werden soll.

☐ Wenn Ihnen ein Sachverhalt unklar ist oder Sie Daten, Informationen usw. nicht richtig verstanden haben, müssen Sie sich rückversichern.

Checkliste – Die formale Gestaltung eines Protokolls

Zu Form und Inhalt eines Protokolls

☐ Die Informationen wurden sachlich richtig wiedergegeben.

☐ Die Darstellung ist neutral, d.h., es wurden keine Kommentare oder Wertungen abgegeben.

☐ Die Darstellung ist vollständig, d.h., es wurden keine Informationen weggelassen.

☐ Die notwendigen Informationen zur Organisation im **Kopfteil** wurden komplett und korrekt festgehalten.

☐ Die **Tagesordnung** ist vollständig und sachlich richtig protokolliert worden.

☐ In der **Niederschrift** (zu den TOPs) wurden alle Informationen, die Inhalt, Vorgehensweise, Zuständigkeit und Termingebundenheit usw. betreffen, vermerkt.

☐ Der **Schlussteil** wurde vollständig erfasst, Datum und Unterschrift sind vorhanden.

☐ Knappe, kurze, präzise Formulierungen (Halbsätze), keine Stichworte.

☐ Zeitform Präsens (Gegenwart).

☐ Verwendung der indirekten Rede (Marion sagte, dass …).

☐ Besonders wichtige Formulierungen oder Sachverhalte wurden auf Wunsch wörtlich in das Protokoll übernommen.

Tipps

- Nummerieren Sie alle Einzelblätter durch.
- Markieren Sie wichtige Informationen.
- Strukturieren Sie Ihre Mitschrift optisch durch Absätze oder Gliederungsstriche.
- Lassen Sie Platz zwischen den Zeilen, um später noch Ergänzungen unterbringen zu können.
- Versuchen Sie nicht wörtlich mitzuschreiben. Notieren Sie nur stichwortartige Formulierungen, Kurzsätze und Schlüsselwörter.
- Beschränken Sie sich auf wichtige Argumente, Zahlen, Daten und Namen.
- Schreiben Sie das Protokoll so schnell wie möglich nach der Teambesprechung nieder.

2.5.3 Der Projektordner

Der Projektordner ist das **Organisationsinstrument**, das Sie bei Ihrem Projektmanagement unterstützt. Darin sammeln, ordnen und dokumentieren Sie alle Arbeitsschritte und Arbeitsergebnisse, die im Rahmen der Planung, Organisation und Durchführung des Projektes entstehen. Gleichzeitig ist er der Nachweis all Ihrer Tätigkeiten und muss deshalb übersichtlich organisiert werden.

Der Projektordner zeigt, ob das Team eine nachvollziehbare Organisationsstruktur nachweisen kann und ob die Arbeitsprozesse strukturiert dokumentiert wurden.

Welche Unterlagen im Projektordner abgelegt werden sollen, hängt von der Dauer des Projektes, den Bewertungskriterien und den Anforderungen Ihres Auftraggebers ab. Das folgende Beispiel zeigt den Inhalt eines Projektordners zu einer Filmvorstellung.

▶ **Beispiel:** ▶ ▶
Inhaltsverzeichnis

	Inhalt	Seite
1	Die Präsentation	1
1.1	Die Gliederung der Präsentation	1
1.2	Informationen zur Entstehungsgeschichte des Filmes	2
1.3	Die Inhaltsangabe	3
1.4	Die Charakterisierung der Hauptpersonen	4–5
1.5	Kritische Auseinandersetzung mit der Kernproblematik des Filmes	6
1.6	Die Stichwortzettel	7–12
1.7	Das Handout	13
2	Berichte – Organisation unserer Arbeitsprozesse	14
2.1	Die Ergebnisprotokolle mit den To-do-Listen	15–18
2.2	Der Zeitplan der Präsentation	19
2.3	Der Projektplan	20
Anhang		21
	Quellenverzeichnis	22
	CD-ROM mit der Power-Point-Präsentation	23
	Fotoprotokoll der Plakate	24–25
	Weitere Medien	26–28

Äußere Ordnergestaltung

Die äußere Gestaltung des Projektordners bezieht sich auf die Angabe wichtiger Informationen über das Projekt und das Projektteam. Deshalb sollten folgende Informationen auf dem Ordnerrücken und dem Deckblatt stehen:

2 Methoden zur Organisation und Planung der Projektarbeit

Checkliste Was steht wo?	Ordnerrücken	Deckblatt
Logo des Teams	X	
Projektthema	X	X
Teammitglieder	X	X
Teamname	X	X
Fach	X	X
Klasse	X	X
Betreuender Lehrer		X
Auftraggeber		X
Abgabedatum des Ordners		X
Zeitraum (Wie lange wurde der Ordner geführt? (Von … bis …)	X	X

Was enthält ein Projektordner?

Projektordner können einen ganz unterschiedlichen Umfang haben. Wie am Beispiel der Filmvorstellung gezeigt wurde, enthält dieser Ordner eine bestimmte Auswahl an Unterlagen.

Das Inhaltsverzeichnis eines Projektordners, der **alle Unterlagen** enthält, die in diesem Heft vorgestellt werden, würde sehr umfangreich ausfallen. Das folgende Inhaltsverzeichnis eines umfangreichen Projektordners kann für Ihren eigenen Projektordner als Steinbruch dienen, aus dem Sie die Gliederungspunkte auswählen, die von Ihrem Auftraggeber verlangt werden.

CD 2.5.3 ## Inhaltsverzeichnis – Projektordner

Gliederungspunkt, Inhalt		Seite
I	**Anforderungskatalog des Auftraggebers**	
1.1	Projektvertrag mit dem Auftraggeber	
1.2	Vertrag zum endgültigen Thema	
II	**Alles für das Team**	
2.1	Teamziele	
2.2	Teamregeln	
2.3	Teamvertrag	
2.4	Selbstverpflichtungen aller Teammitglieder	
III	**Hilfen für das Zeitmanagement**	
3.1	ABC-Analyse	
3.1	Wochenplan	
3.2	Projektplan	
3.3	Checklisten	

Methoden zur Organisation und Planung der Projektarbeit

Gliederungspunkt, Inhalt		Seite
IV	**Berichte – Arbeitsprozesse organisieren**	
4.1	Teamsitzungen	
4.1.1	Einladungen	
4.1.2	Rollenprotokolle	
4.1.3	Ergebnisprotokolle mit Erledigungslisten	
4.1.4	Nachbereitung und Reflexion der Teamsitzungen	
4.2	Kommunikation	
4.2.1	Feedbackregeln	
4.2.2	Kommunikationsregeln	
4.3	Checklisten	
4.4	Zwischenbericht	
4.5	Individueller Tätigkeitsnachweis	
V	**Hilfsmittel für die inhaltliche Arbeit an der Dokumentation**	
5.1	Unser Thema	
5.2	Grobgliederung	
5.3	Feingliederung	
5.4	Zeitplan für die Dokumentation	
5.5	Dokumentation	
5.5.1	Übersicht über die Aufgabenverteilung: Wer übernimmt welches Kapitel?	
5.5.2	Deckblatt	
5.5.3	Inhaltsverzeichnis	
5.5.4	Notizen, Zusammenfassungen, Material zu den einzelnen Kapiteln	
5.5.5	Notizen a) zur Einleitung b) zur Problemstellung c) zum Schluss d) zum Fazit	
5.5.6	Alles für den Anhang	
5.5.7	Literatur- und Quellenverzeichnis vorbereiten a) Karteikartensammlung b) Linkliste kommentieren	
5.6	Checklisten	

Gliederungspunkt, Inhalt		Seite
VI	**Präsentation**	
6.1	Zeitplan für die Präsentationsvorbereitung	
6.2	Inhalt, Aufbau	
6.2.1	Ideen für die Visualisierung	
6.2.2	Stichwortzettel	
6.2.3	Verlaufsplan	
6.2.4	Aufgaben und Absprachen für die Vorbereitung	
6.2.5	Vorbereitung und Nachbereitung des Präsentationstages	
6.3	Checklisten	
VII	**Besprechung mit betreuendem Lehrer**	
VIII	**Kreativmethoden zur Problemlösung**	
8.1	x-y-z-Methode	
8.2	Brainstorming	

Letztlich orientiert sich die Ausstattung des Projektordners an den Vorgaben, die Sie von Ihrem Auftraggeber erhalten. So kann dieser einerseits einen Projektordner von allen und andererseits nur einen gemeinsamen Teamordner verlangen. Das hängt davon ab, wie sich die Note für diesen Ordner zusammensetzen wird. Dies wird von Fall zu Fall unterschiedlich gehandhabt.

AUFGABE
Gestalten Sie ein Inhaltsverzeichnis für Ihren Projektordner.

2.5.4 Berichte in der Projektarbeit

Berichte begleiten die Projektarbeit während ihrer gesamten Dauer. **Protokolle** und **To-do-Listen** sowie der **individuelle Arbeitsnachweis** sind – sehr verknappte – Berichte, aber auch die umfangreiche **Dokumentation** am Schluss der Projektarbeit zählt dazu. Ein Bericht muss auch geschrieben werden, wenn sich die Aufgabenstellung eines Projekts grundlegend ändert (dann genügt ein Protokoll nicht mehr); man spricht dann von einem **Änderungsbericht**. Manchmal verlangt der Auftraggeber auch, dass Sie in regelmäßigen Abständen kurze **Berichte über den Projektfortschritt** abgeben.

Der Zwischenbericht

In der Regel werden bei Schulprojekten, die sich über mehrere Wochen erstrecken, Zwischenberichte gefordert, in denen Sie über den Stand des Projekts Rechenschaft ablegen sollen. Diese Zwischenberichte können je nach Vorgabe des Projektbetreuers von der Gruppe gemeinsam oder vom einzelnen Teammitglied verlangt werden; sie können ausführlich, das heißt **zusammenhängend** in Form eines Aufsatzes geschrieben sein oder aber in Form eines **ausgefüllten Vordrucks**, je nachdem, was der betreuende Lehrer vorgibt. In jedem Fall geben sie Auskunft über die Entwicklung und den Stand des Projekts.

Methoden zur Organisation und Planung der Projektarbeit

Aber gleichgültig, ob ausführlich oder formalisiert, individuell oder für das Team, der Zwischenbericht muss immer folgende Punkte enthalten:
- Überschrift „Zwischenbericht"
- Thema des Projekts
- Namen der Teammitglieder/Klasse
- Datum der Abgabe

Prinzipiell sollte ein Zwischenbericht auf die folgenden Fragen eine Antwort geben:
- Welche Ziele haben wir erreicht?
- Welche Maßnahmen wurden durchgeführt?
- Welche Schwierigkeiten sind aufgetaucht? Wie haben wir sie gelöst?
- Vor welchen Schwierigkeiten stehen wir jetzt? Wie gehen wir vor, um sie zu lösen?
- Wo stehen wir jetzt?
- Welche Ziele haben wir uns für die Zukunft gesteckt?
- Welche nächsten Schritte stehen an?
- Welche positiven und welche negativen Erfahrungen haben wir gemacht?

AUFGABE

Ein Beispiel für einen individuellen, ausführlichen Zwischenbericht soll Ihnen dies verdeutlichen. Er wurde im Rahmen eines Projekts zum „Erstellen eines Werbeauftritts für die Balthasar-Neumann-Schule im Rahmen des Corporate Design" geschrieben.

Beispiel:

Zwischenbericht

Projektmitglieder: Sascha Brober
Ömür Karaosman
Katharina Rastetter

Verfasserin: Katharina Rastetter

Im Rahmen der Projektarbeit erhielten wir am 15.10. von unserem Direktor, Herrn Oberstudiendirektor Dorwarth, die folgende Aufgabe: „Erstellen eines Werbeauftritts für die Balthasar-Neumann-Schule im Rahmen des Corporate Design". Wir erhielten die Aufgabe, eine CD zusammenzustellen und Flyer für die einzelnen Schularten herzustellen. Bereits vorhandene Flyer sollen wir verbessern. Für neue Schularten und Abteilungen, die bisher keinen eigenen Flyer hatten, sollen neue entworfen werden. Alles soll einheitlich gestaltet werden, um einen hohen Wiedererkennungswert zu erreichen, insbesondere durch die Einfügung des neuen Schullogos.

Auf der ersten Sitzung untersuchten wir zusammen gründlich die Webseite unserer Schule und verglichen das alte Design mit den neuen Farben und dem neuen Logo. Es zeigte sich, dass die Web-Seite unserer Schule nicht mehr auf dem neuesten Stand war: Schularten, die es in dieser Form nicht mehr gab, waren noch aufgeführt, neu hinzugekommene fehlten, einige Inhalte der vorhandenen Schularten hatten sich verändert und das neue Schullogo war noch nirgendwo eingearbeitet.

2 Methoden zur Organisation und Planung der Projektarbeit

Ich bekam den Auftrag, bis zum nächsten Treffen am 23. 10. für die Beschaffung aller bisherigen Flyer zu sorgen und außerdem Informationen über eine neue Schulart, das Berufseinstiegsjahr (BEJ), einzuholen. Diese scheinbar einfache Aufgabe sollte sich als sehr schwierig erweisen

Für die Einjährige Berufsfachschule gab es nämlich überhaupt keinen Flyer mehr, nicht einmal ein Merkblatt, sodass ich den Abteilungsleiter um Informationen bitten wollte. Dieser lag aber im Krankenhaus, sodass ich meinen Auftrag nicht erfüllen konnte. Zudem sind zwei weitere Flyer völlig veraltet. Aber auch diese Informationen konnte ich nicht einholen, da die zuständige Lehrerin auf Klassenfahrt war und im Internet diese speziellen Gegebenheiten an unserer Schule natürlich nicht abgerufen werden können. Deshalb blieben meine Informationen auch hier lückenhaft.

Mit der Beschaffung von Informationen habe ich derzeit immer noch zu kämpfen.
Daher hat der Direktor versichert, dass er in der nächsten Abteilungsleiter-Runde nochmals die Überarbeitung der Webseite erläutern und darauf drängen wird, dass ich die fehlenden Informationen erhalte.

Auf der zweiten Sitzung legten wir mit unserem Auftraggeber die genaue Menüstruktur fest und erstellten einen gemeinsamen Zeitplan mit Unterplänen für die einzelnen Teammitglieder. Ich erhielt die Aufgabe, die Zeitpläne zu überwachen und anzupassen. Da es immer wieder Veränderungen gibt, die mir nicht immer gleich mitgeteilt werden, erweist sich auch diese Aufgabe als schwieriger, als ich es mir vorgestellt hatte.

Derzeit bin ich damit beschäftigt, eine große Tabelle in Papierform für die Terminüberwachung zu erstellen und die nötigen Informationen in mein Notebook einzugeben.

Meine nächste Aufgabe wird das Erstellen einer einheitlichen Struktur für die Flyer sein. Bei der Weiterarbeit an den Flyern werde ich die festgelegte Menüstruktur zum Teil mit einbeziehen. Nach Rücksprache mit unserem Team werde ich das Ergebnis am 15.11. Herrn Direktor Dorwarth vorstellen.

Auch wenn ich schon einige Projekte mitgemacht habe, so mache ich bei diesem Projekt und in einem Team mit einem hohen Maß an Selbstständigkeit und Eigenverantwortung neue positive persönliche Erfahrungen. Des Weiteren sehe ich, dass die genaue Planung, das Einhalten von Terminen und Absprachen, die Abhängigkeit von dritten Personen viel mehr Planungsfähigkeit und Selbstdisziplin erfordern, als ich es gewohnt bin. Ungewohnt und eine große Herausforderung ist für mich auch der Umgang mit höhergestellten Personen.

Bis zur Abgabe im März werde ich sicher um weitere Erfahrungen reicher sein.

Kehl, 03.11.20xx

Katharina Rastetter

Methoden zur Organisation und Planung der Projektarbeit

Beispiel für den formalisierten Zwischenbericht eines Teams

Zwischenbericht	
Projektthema	Ausstellung über Freiherr von Drais, den Namensgeber unserer Schule und Erfinder des Zweirades, zum Schuljubiläum
Projektteam	Wjatscheslaw Altergott, Konrad Hohmann, Maria Drolling
Verfasser	Projektteam
Berichtszeitraum	10.10.20xx – 15.11.20xx
Aktivitäten im Berichtszeitraum	Auf den Treffen am 10.1., 17.10. 22.10. und 11.11. wurde die erste Zeitplanung, Arbeitsplanung und Arbeitsverteilung erstellt bzw. korrigiert.
	Kontaktaufnahme mit Geschichtslehrer Dr. Exner, der das Projekt betreut
	Beginn der Recherche in Arbeitsteilung: Internet, Landesbibliothek Karlsruhe, Generallandesmuseum,
	Suche nach eventuellen Leihgaben
Im Berichtszeitraum erzielte Ergebnisse	Informationsdefizit über Drais weitgehend behoben
	Wichtige Kontakte hergestellt (Museen, Archive, Zeitung) und viel über Recherchen gelernt
	Grundkonzeption der Ausstellung erstellt (Pinnwände mit großer Fotomontage, Lebenslauf mit Fotos, Statistiken rund um das Fahrrad)
	Anfrage, ob die Holzabteilung der Heinrich-Hübsch-Berufsschule eine Draisine nachbaut
Probleme/ Handlungsbedarf/ Korrekturen	Versicherungsschutz bei Leihgaben
	Copyright bei Fotos aus Büchern
	Hilfe nötig bei Außenaufnahmen von Schule, Drais-Denkmälern und Grabmal
Ziele bis zum nächsten Bericht	Feinkonzeption der Ausstellung
	Zusage der Mitwirkung der Abteilung Mediengestaltung für Fotografien und der Heinrich-Hübsch-Berufsschule

2 Methoden zur Organisation und Planung der Projektarbeit

Planung für den folgenden Berichtszeitraum	Mithilfe der Fotografen-Abteilung
	Verhandlungen zum Nachbau einer „Draisine" durch die Heinrich-Hübsch-Berufsschule
	Fertigstellung des Ausstellungskonzepts mit Klärung des Bedarfs an Material für Gestaltung und Hilfe bei Fotomontage
Nächste Berichtsabgabe am	19.12. 20xx um 11.20 Uhr mit Dr. Exner Zimmer 125

Ort, Datum: Karlsruhe, 15.11.20xx

Unterschriften: Wjatscheslaw Altergott, Konrad Hohmann, Maria Drolling

AUFGABE

1. Setzen Sie den persönlichen, ausführlichen Zwischenbericht von Katharina Rastetter in einem Formblatt um.
2. Schreiben Sie mithilfe des Formblattes einen ausführlichen Gruppenbericht.

CD 2.5.4 Formalisierter Zwischenbericht

Zwischenbericht	
Projektthema	
Projektteam	
Verfasser	
Berichtszeitraum	
Aktivitäten im Berichtszeitraum	
Im Berichtszeitraum erzielte Ergebnisse	
Probleme/ Handlungsbedarf/ Korrekturen	

Methoden zur Organisation und Planung der Projektarbeit | 2

Ziele bis zum nächsten Bericht	
Planung für den folgenden Berichtszeitraum	
Nächste Berichtsabgabe am	
Ort, Datum: Unterschriften:	

2.5.5 Individueller Tätigkeitsnachweis

Der individuelle Tätigkeitsnachweis ist Ihr ganz **persönlicher Arbeitsnachweis**. Er hält fest, was genau Sie an welchem Tag und wie lange Sie für das Projekt gearbeitet haben. Er ist oft Bestandteil des Projektordners und wird häufig zur Notenfindung mit herangezogen.

Für den individuellen Tätigkeitsnachweis sollen nicht nur die „großen" Tätigkeiten wie Recherchen, Dokumentation schreiben, Teamsitzungen und Besprechungen mit Lehrern oder Auftraggeber berücksichtigt werden, sondern auch „kleine" Aufgaben wie E-Mails schreiben, ein Protokoll erstellen oder eine Messung durchführen. Sogar der Einkauf von Papier für den Drucker oder das Notieren einer Idee, die Sie haben, gehört dazu. Sie werden erstaunt sein, wie viel Zeit dabei zusammenkommt.

Am einfachsten ist es, wenn Sie sich ein kleines Heft zulegen und jede Tätigkeit, die im Zusammenhang mit dem Projekt steht, sofort mit Datum und Dauer handschriftlich notieren, unter Umständen sogar mit Uhrzeit. Es kommt dabei nicht auf schöne Schrift und perfekte Gestaltung an, sondern auf Vollständigkeit. Natürlich können Sie die Notizen auch in eine **Liste** eintragen. Diese können Sie auf Ihren PC übertragen wie im Beispiel unten; nötig ist das aber nicht.

Wichtig ist der individuelle Tätigkeitsnachweis insbesondere dann, wenn für das Projekt eine bestimmte **Mindestzahl an Arbeitsstunden** vorgeschrieben wird und Sie diese nachweisen sollen.

2 | Methoden zur Organisation und Planung der Projektarbeit

Das folgende Beispiel hat die „Erstellung einer Homepage" für einen Verein zur Grundlage.

▶ **Beispiel eines individuellen Tätigkeitsnachweises** ▶▶

Tätigkeitsnachweis Maik Bühler

Datum	Uhrzeit		Dauer in Min.
10.10.20xx	13.30–14.15	Teambesprechung: Erste Arbeitsaufträge verteilt	45
	16.25–16.45	Persönliche Terminplanung zur Erledigung meiner Arbeitsaufträge	20
20.10.	14.00–17.00	Teambesprechung: Handschriftlicher Entwurf eines Pflichtenheftes: An was müssen wir alles denken?	180
21.10.	14.30–15.00	Besprechung des Pflichtenheftes mit Herrn Kaufmann im Team	30
22.10.	18.00–18.45	Aufgaben aus Pflichtenheft auf PC übertragen in Tabellenform	45
	18.55–19.05	Teampflichtenheft an Herrn Kaufmann gemailt; Übertragungsschwierigkeiten	10
23.10.	13.10–13.45	Absprache mit Herrn Kaufmann wegen Designerentwurf (Umsetzung des Covers)	30
	18.00–18.10	Telefonat mit Jürgen Vogel wegen Entwurfs	10
28.10.	13.35–15.00	Einrichten der Templates Blackbox und Businessonline auf Testserver für Präsentation	85

Zählt man die Zeiten zusammen, so hat Maik Bühler während 18 Tagen für seine Projektarbeit 455 Minuten = 7 Stunden und 35 Minuten aufgewandt.

> **AUFGABE**
> 1. Legen Sie sich ein kleines Heft für Ihren individuellen Tätigkeitsnachweis zu und ziehen Sie Linien für Datum, Zeitaufwand und Tätigkeit ein.
> 2. Tragen Sie die Tätigkeiten ein, die Sie in der kommenden Woche für Ihr Projekt leisten.

CD 2.5.5

2.6 Teamsitzungen gestalten

Der Zeitplan steht, die Teammitglieder sind motiviert und fleißig, die Termine für die nächsten Teambesprechungen stehen ebenfalls fest. Aber das Treffen verläuft trotzdem nicht sehr erfreulich: Die Zeit wird verschwatzt, es wird viel diskutiert, aber Entscheidungen werden nicht gefällt. So kommt das Team in Zeitverzug und zum Schluss erreicht es eine schlechtere Note, als es bekommen hätte, wenn es seine Teamsitzungen methodisch gestaltet hätte.

Sie bekommen nun Werkzeuge an die Hand, die Ihnen helfen, Gruppensitzungen sinnvoll zu gestalten, nämlich strukturiert und ergebnisorientiert.

Sie lernen,
- **Teamregeln** aufzustellen und einzuhalten,
- eine **Tagesordnung** zu erstellen und
- **Sitzungsrollen** festzulegen.

Verwenden Sie für die Aufgaben in diesem Kapitel entweder
- Ihre eigene Projektarbeit zum Üben oder
- eines der folgenden Übungsthemen:
  1. Ihre Klasse soll einen Klassenausflug selbst organisieren; sie hat deswegen ein Organisationsteam aus 4–6 Klassenkameraden gewählt, in dem Sie mitarbeiten.
  2. Sie sollen zusammen mit mehreren Mitschülern einen Besuch im Heimatmuseum oder Stadtgeschichte-Museum Ihres Schulortes organisieren.
  3. Sie sollen mit einem Team den Besuch eines größeren Industriebetriebs organisieren (passend zu Ihrer Ausbildung).
  4. Der öffentliche Weg von der Schule zum Bahnhof/zur Bushaltestelle wird immer wieder von Schülern Ihrer Schule verschmutzt. Die Schülermitverwaltung hat deshalb eine Projektgruppe „Reinigungsaktion" gebildet, die Wege finden soll, den Schulweg zu reinigen und sauber zu halten. Sie sind Mitglied dieses Projektteams.

Methoden zur Organisation und Planung der Projektarbeit

Pünktlich anfangen und Schluss machen
Das klingt selbstverständlich – ist es aber nicht. Auch wenn noch jemand fehlt: Fangen Sie einfach an. Dafür muss aber vor dem eigentlichen Sitzungsbeginn etwas Zeit zum Plaudern einkalkuliert, das Treffen also früher anberaumt werden. Für den pünktlichen Schluss sorgt ein „Zeitwächter" (vgl. S. 60), der vom Team bestimmt wird und rechtzeitig auf die Einhaltung des Zeitplans aufmerksam macht.

Teamregeln aufstellen und einhalten
Diese Regeln werden in der ersten Sitzung festgelegt (vgl. Kapitel 1, S. 14). Wie Sie in Kapitel 1.3 bis 1.5 nachlesen können, beginnt die eigentliche Teamarbeit mit dem **Teamvertrag**, in dem sich das Team auf Regeln im Umgang miteinander geeinigt hat.

Die Tagesordnung
Auf der Tagesordnung stehen alle Punkte, die in einer Sitzung behandelt werden sollen. Die **Tagesordnungspunkte (TOPs)** sollten möglichst vorher bekannt sein. Wichtig sind dabei sowohl die Reihenfolge der Tagesordnungspunkte als auch die Zeit, die für den jeweiligen TOP einkalkuliert wird. Dies kann von den Teammitgliedern schon vorher festgelegt worden sein, z.B. auf der letzten Sitzung, oder aber auch zu Beginn der Sitzung besprochen werden.

Eine Tagesordnung erstellen – so wird's gemacht:
A Reihenfolge:
1. Routineangelegenheiten zuerst:
   - Genehmigung des letzten Protokolls
   - Kontrolle der To-do-Liste
   - Eventuell Ergänzung oder Umstellung der TOPs
   - Fragen, was unter „Sonstiges" anliegt, dies eventuell vorziehen
2. Offene TOPs der letzten Sitzung behandeln
3. TOPs ordnen:
   - Was schnell geht, zuerst
   - Nach Dringlichkeit und Wichtigkeit
   - Sonstiges am Schluss

B Jeder Tagesordnungspunkt wird mit Uhrzeit und vermuteter Dauer versehen.

Für die Einhaltung der Zeiten ist der Zeitwächter verantwortlich (vgl. S. 60, Überblick über die Sitzungsrollen).

Jede Änderung der Reihenfolge oder der Dauer während der Sitzung werden im Protokoll vermerkt.

Methoden zur Organisation und Planung der Projektarbeit

▶ **Beispiel für eine Tagesordnung:** ▶ ▶

Besprechung der Projektgruppe „Schulrallye für das Schuljubiläum"

Zielsetzung, Zweck	Organisation der Schulrallye
Datum/Dauer:	25.02.20xx / 14.45–16.30 Uhr
Ort/Raum:	SMV-Besprechungszimmer
Leiterin/Leiter:	Aktuelle Leiterin: Katharina Brenner

Tagesordnung	Veranschlagte Zeit/Dauer in Minuten
TOP 1 Genehmigung des Protokolls der letzten Sitzung	05
TOP 2 Überprüfung der To-do-Liste der letzten Sitzung	10
TOP 3 Stand der Zwischenberichte der Teammitglieder	10
TOP 4 Absprache mit Herrn Fandel wegen Gestaltung der Rallye außerdem: Belegung des PC-Raums organisieren	10
TOP 5 Informationsbeschaffung für die Schulrallye: Was, wo, wer	25
TOP 6 Plakate und Informationseinheiten; Inhalte und Gestaltung	35
TOP 7 Schlussteil: Zusammenfassung, Reflexion	

Formulare finden Sie auf der CD-ROM.

CD 2.6.1

2 Methoden zur Organisation und Planung der Projektarbeit

AUFGABE

1. Entwerfen Sie eine Tagesordnung zur ersten Teamsitzung Ihrer Projektgruppe.
2. Entwerfen Sie eine Tagesordnung zu einer beliebigen Teamsitzung Ihrer Projektgruppe.

Projektgruppe:

Zielsetzung, Zweck	
Datum/Dauer:	
Ort/Raum:	
Leiterin/Leiter:	

Tagesordnung	Veranschlagte Zeit/Dauer in Minuten
TOP 1 *Genehmigung des Protokolls der letzten Sitzung*	
TOP 2 *Überprüfung der To-do-Liste der letzten Sitzung*	

Methoden zur Organisation und Planung der Projektarbeit

Sitzungsrollen festlegen

Alle Teammitglieder üben in den Sitzungen bestimmte Rollen aus, haben also eine bestimmte Aufgabe und Funktion inne. Im Idealfall übernehmen die Teammitglieder diese Rollen abwechselnd. Fehlt ein Mitglied oder besteht das Team aus weniger als vier Personen, so müssen die Mitglieder mehrere Rollen gleichzeitig erfüllen; der Sitzungsleiter sollte aber nach Möglichkeit keine weitere Rolle übernehmen, weil er sonst überfordert ist.

Überblick über die Sitzungsrollen

Rolle	Aufgaben	Beispiel	Anmerkungen
Sitzungsleiter/Moderator (vgl. S. 61–63)	Führt durch die Sitzung, indem er die Tagesordnungspunkte abarbeitet Visualisiert (oder lässt visualisieren) Entscheidet über Methodeneinsatz Leitet die Diskussion in Diskussionsphasen Achtet auf Einhaltung der Gruppen- und Kommunikationsregeln	„Wir kommen jetzt zum TOP 3 ‚Besorgen von Informationen über die Abteilungen unserer Schule'. Ich mache mal eine Zurufabfrage: Welches Material ist vorhanden und kennen wir? Wen können wir fragen, was noch vorhanden ist? Wenn wir das aufgeschrieben haben, schauen wir mal, was wir tun müssen und wer was macht."	Keine Sitzung ohne Leiter; diese Funktion ist die wichtigste. (vgl. Erläuterungen unten). Dies gilt auch bei Zweierteams.
Protokollant	Notiert den Verlauf und die Ergebnisse der Sitzung sowie die Hauptargumente bei Diskussionsphasen Schreibt ab/fotografiert die Ergebnisse (etwa einen Themenspeicher, eine Zurufabfrage) und fügt sie dem Protokoll bei Vermerkt Änderungen der Tagesordnung (Zeitdauer eines TOPs, Änderung der Reihenfolge oder des Inhalts, Aufnahme eines neuen TOPs)	„Also, ich schreibe ins Protokoll, dass wir noch mehr Zeit brauchen, um die Gestaltung der Informationsplakate über unsere Schularten zu besprechen: Das nehme ich auf die Tagesordnung für die nächste Sitzung. Und die Ideenliste fotografiere ich und maile sie euch mit dem Protokoll zu."	Handschriftliche Notizen sind günstiger als das Ausfüllen des Protokollformulars schon während der Sitzung mit einem Laptop. Denn gleichzeitig mitarbeiten, zuhören, das Wesentliche erfassen, formulieren und tippen bedeutet für die meisten eine Überforderung.

2 Methoden zur Organisation und Planung der Projektarbeit

Rolle	Aufgaben	Beispiel	Anmerkungen
Zeitwächter	Achtet auf pünktlichen Anfang Achtet darauf, dass die veranschlagte Zeit für die einzelnen TOPs nicht überschritten wird Warnt rechtzeitig, wenn die Zeit überschritten wird oder eine Diskussion ausufert Macht Vorschläge zur Änderung oder Verschiebung eines überdehnten TOPs Achtet auf pünktlichen Schluss	„Hört mal, jetzt diskutieren wir schon über 10 Minuten über den Termin bei Herrn Fandel und was wir dort wollen. Entweder wir streichen jetzt einen anderen TOP und diskutieren weiter oder wir verschieben das Ganze an den Schluss."	Unbedingt zu Beginn eines jeden TOPs einen Wecker (Notebook, Küchenuhr o. Ä.) stellen!
To-do-Listenschreiber	Schreibt in die Erledigungsliste, was genau zu tun ist, wer verantwortlich ist und bis wann (genaues Datum, ggf. Uhrzeit) Sicherstellen, dass jedes Teammitglied seine Aufgaben kennt; z.B. Erledigungsliste für alle kopieren oder abschreiben lassen oder mailen	„Ich schreibe jetzt: Hans geht mit Andrea zu Herrn Fandel und erkundigt sich nach Programmen für die Informationsblätter. Bis zum 23.2. um 15.00 Uhr mailt er allen das Ergebnis zu."	Erledigungsliste in möglichst kleine Schritte zerlegen

HINWEIS Mehr über die Rollen des Moderators, des Protokollanten und des Zeitwächters erfahren Sie auf folgenden Seiten. Über das Führen eines Protokolls können Sie sich im Kapitel 2.5.2, Seite 41–44, über die To-do-Liste im Kapitel 2.5.1, Seite 39–41 informieren.

AUFGABE

CD 2.5.1, 2.5.2 Führen Sie die Teamsitzung durch, für die Sie vorher die Tagesordnung geschrieben haben, und üben Sie dabei die verschiedenen Sitzungsrollen. Benutzen Sie eines der Protokollformulare und das To-do-Liste-Formular im Arbeitsheft oder von der CD-ROM.

Methoden zur Organisation und Planung der Projektarbeit 2

Die Sitzungsrollen können vom Team für alle Sitzungen im Voraus festgelegt oder abwechselnd ausgeübt werden. Ist Letzteres der Fall, so empfiehlt sich ein Sitzungsrollen-Protokoll.

> **TIPP** Verdeutlichen Sie die Sitzungsrollen durch das Aufstellen von Schildern, auf denen Ihre Funktion vermerkt ist.

AUFGABE

Wechseln Sie in der nächsten Teamsitzung/den nächsten Teamsitzungen die Rollen so, dass jeder einmal jede Rolle ausgeübt hat. Das Formular finden Sie auf der CD-ROM.

CD 2.6.2

Sitzungsleiter (Moderator)

Vom Geschick des Sitzungsleiters hängt das Gelingen einer Sitzung maßgeblich ab.
Die Teammitglieder unterstützen den Sitzungsleiter, da er unmöglich alle Aufgaben gleichzeitig wahrnehmen kann, aber er ist verantwortlich dafür, dass sie dies tun. Daher ist es notwendig, seine Rolle ausführlicher zu erläutern.

Aufgaben des Moderators:

	Aufgabe	Hinweise
Einladung zur Sitzung	Der Termin wird normalerweise auf dem letzten Treffen festgelegt, sodass nur eine mündliche Erinnerung nötig ist. Bei ganz offiziellen Treffen – zum Beispiel mit dem Auftraggeber – sollte mindestens eine Woche vorher eine Einladung per Mail oder Post verschickt werden, und zwar mit Ort, Datum, Dauer und Tagesordnung.	Die Sitzungsleitung beginnt also bereits im Vorfeld.
Vorbereitung der Umgebung	Fragen zur Umgebung: Wo tagen wir? Wie muss der Raum aussehen? Sind Schmierblätter, Ablagemöglichkeiten, ausreichende Beleuchtung, Flipcharts, Stifte vorhanden? Funktioniert die Heizung? Ist etwas zu trinken da? Ist ein Hausschlüssel vorhanden?	Delegieren Sie Aufgaben! Statt gekauften Materials kann man selbst gebastelte Blätter aus Schmierpapier, statt Pinnwänden die Wände des Zimmers nehmen (dann Tesa-Crêpe verwenden; es macht keine Flecken oder Löcher) oder Vorhänge (dann mit Stecknadeln befestigen), statt Flipcharts die Rückseite alter Plakate auf einem festen Karton etc.

2 Methoden zur Organisation und Planung der Projektarbeit

	Aufgabe	Hinweise
Sitzungsleitung	Checken Sie die Protokoll- und Erledigungslisten. Achten Sie darauf, dass die Tagesordnungspunkte abgearbeitet werden. Falls die Diskussion hitzig wird: Achten Sie unbedingt auf die Einhaltung der Teamregeln. Greifen Sie ein, wenn eine Diskussion aus dem Ruder zu laufen droht oder einzelne Mitglieder nicht zu Wort kommen. Wählen Sie – u. U. gemeinsam mit dem Team – geeignete Arbeitsmethoden aus und achten Sie auf ihre korrekte Anwendung. Achten Sie darauf, dass Ihre Arbeitsergebnisse (Protokolle, Plakate, Fotos, Erledigungsliste) gesichert werden. Legen Sie – in Absprache mit dem Team – den nächsten Termin fest.	Vgl. Tabelle „Ablauf einer Sitzung", S. 63–64.
Nachbereitung und Reflexion	Was lief gut, was schlecht in dieser Sitzung? Warum? Abschließend muss das Material an den nächsten Teamsitzungsleiter übergeben werden.	Empfehlenswert ist es, zusammen mit den Teammitgliedern das Formular zur Nachbereitung (S. 65–66) zu nutzen oder es für alle in den Projektordner einzuordnen.

▌AUFGABE▐

Erstellen Sie Ihre persönliche „Checkliste Teamsitzung" passend zu Ihrem Projektthema und zu dem Ort, an dem Sie sich treffen (Schule, privat, sonstiger Ort).

Sitzungsleiter als Moderator

Während einer Teamsitzung kann die Aufgabe des Sitzungsleiters zwischen der eines Leiters und der eines Moderators wechseln. Diesen Rollen- und **Aufgabenwechsel** muss der Sitzungsleiter den Teammitgliedern deutlich machen.

Als **Leiter** ist er verantwortlich dafür, dass die Tagesordnungspunkte ordnungsgemäß abgearbeitet werden. Dabei muss er auch manchmal Grenzen aufzeigen und sich durchsetzen können.

Als **Moderator** ist er jedoch nicht „Chef" des Teams, sondern gewissermaßen dessen „Diener". Seine Aufgabe ist es dann, das Team zu Ergebnissen zu führen, mit denen die Mitglieder einverstanden sind. Seine eigene Meinung muss er dabei zurücknehmen. Das ist z. B. der Fall bei der Ideensammlung und -bewertung.

Methoden zur Organisation und Planung der Projektarbeit

In Diskussionsphasen übernimmt der Sitzungsleiter die Rolle des Moderators bzw. Diskussionsleiters:
- Er erteilt das Wort in der Reihenfolge der Wortmeldungen.
- Er schreibt wichtige Beiträge in Stichworten auf oder bittet einen Teilnehmer, sie aufzuschreiben.
- Er sorgt dafür, dass die Teammitglieder einander ausreden lassen, dass jeder zu Wort kommt und alle Teilnehmer sachlich und fair diskutieren.
- Er lässt abstimmen und bestimmt dabei die Abstimmungsmethode (vgl. S. 31).

> **HINWEIS** Bei längeren Diskussionen oder einer größeren Teilnehmerzahl muss er eine Rednerliste führen, die Ergebnisse zusammenfassen und verdeutlichen. Folgende Aufgaben sollte dann der Protokollant übernehmen: Redebeiträge sammeln, aufschreiben und strukturieren.

Der Diskussionsleiter sollte strenge Neutralität wahren. Wenn er selbst Beiträge leisten will, sollte er sich deshalb für diese Zeit von einem Teammitglied als Moderator vertreten lassen.

AUFGABE
Leiten Sie eine Diskussion und beachten Sie dabei die Aufgaben, die Sie als Diskussionsleiter (Moderator) haben. Lassen Sie sich hinterher Feedback von den Teilnehmern geben.

> **TIPP** Ein paar Beobachter, die nicht an der Diskussion teilnehmen, geben Feedback.

Der Moderator (bzw. Diskussionsleiter) gibt nach 5 Minuten die Diskussionsleitung an einen Teilnehmer ab, dieser wieder an einen weiteren Teilnehmer (je nach Dauer der Übung).

Vorschläge für Diskussionsthemen:
- Hundehaltung in der Stadt sollte verboten werden.
- Alle Bürger sollten dasselbe verdienen.
- Man müsste die Ferientage im Schuljahr verkürzen und dafür weniger Wochenstunden Schule haben.
- Zu wenig Abiturienten? Man sollte auf einer Einheitsschule jedem das Abitur geben.
- Möglich ist auch eine Diskussion über ein Erörterungsthema aus dem Deutschunterricht.

Ablauf einer Sitzung
Der Ablauf einer Sitzung soll Ihnen mithilfe der folgenden Tabelle zusammenfassend verdeutlicht werden.

Vorgehensweise	Hinweise	Erläuterungen
Anwärmphase	Informelle Begrüßung Zeit zum Plaudern, Probleme ansprechen	Etwa 10 Minuten dafür einrechnen
Pünktlich anfangen	Wecker stellen, beim Klingelzeichen sofort mit der Sitzung beginnen	
Kurze offizielle Begrüßung		

2 Methoden zur Organisation und Planung der Projektarbeit

Vorgehensweise	Hinweise	Erläuterungen
Sitzungsrollen verteilen/überprüfen	Rollen festlegen und ins Protokoll eintragen.	
Teamregeln ins Gedächtnis rufen	Z. B. an die Wand hängen, kurz erläutern/erinnern.	
Tagesordnung vorstellen/erstellen mit Gruppe	Pausen festlegen; nach jedem TOP eine kleine Pause, bei längeren Sitzungen eine große Pause einplanen.	
Letztes Protokoll genehmigen		Einwände oder Ergänzungen kommen ins nächste Protokoll.
Letzte To-do-Liste überprüfen	Teammitglieder können ihre Aufgaben erläutern; hier ist auch der Platz für sonstige wichtige Informationen.	Was nicht erledigt wurde, in die neue To-do-Liste aufnehmen.
Tagesordnungspunkte abarbeiten	Dabei die passende Methode benutzen; jede Methode sollte noch einmal ganz kurz erläutert werden. Tagesordnungspunkte können auf die nächste Sitzung gelegt oder andere eingefügt werden.	Wird die Reihenfolge der TOPs geändert, wird dies im Protokoll vermerkt, ebenso die Aufnahme eines nicht vorgesehenen TOPs.
Schlussphase	Termin für nächstes Treffen ausmachen. Ggf. Protokoll unterschreiben. Gegebenenfalls Sitzungsrollenprotokoll ausfüllen.	
Nachbereitung	Was lief gut, was schlecht in der Sitzung? Was lief gut, was schlecht bei mir? Ggf. Material an nächsten Sitzungsleiter übergeben.	Formular zur Nachbereitung (vgl. S. 62, 65–66) ausfüllen, kann in Projektordner abgelegt werden
Pünktlich Schluss machen		

AUFGABE

Führen Sie mithilfe der erstellten Tagesordnung eine vollständige Teamsitzung durch – einschließlich Sitzungsrollen, Protokoll und Erledigungsliste.

Methoden zur Organisation und Planung der Projektarbeit

Nachbereitung einer Sitzung

Nach jeder Teambesprechung – zumindest aber von Zeit zu Zeit - sollte eine kurze Nachbereitung mit Rückmeldung eines jeden an jedes andere Teammitglied stattfinden, am besten in Form einer Tabelle. Die Rückmeldung kann mündlich erfolgen oder schriftlich. Die Schriftform hat den Vorteil, dass man immer nachsehen kann und dadurch der Lerneffekt größer ist.

Diese kurze Rückmeldung ist hilfreich zur **Selbstkontrolle**. Man sieht, ob die eigene Wahrnehmung mit der von außen übereinstimmt. (Selbstbild – Fremdbild). Sie kann auch zusätzlich im Projektordner abgelegt werden.

> **HINWEIS** Rückmeldungen fallen dem Beobachter leichter und sind für den Beobachteten hilfreicher, weil präziser, wenn jeder Rolle – oder bei größeren Gruppen jedem Teilnehmer – ein Beobachter zugewiesen wird, der dann nur dem Beobachteten ein Feedback gibt.

Die Rollen können nach einer gewissen Zeit (10 Minuten) getauscht werden; der Beobachter übernimmt dann die Rolle des Beobachteten und erhält seinerseits von diesem ein Feedback.
Dabei sollten grundsätzlich immer die Feedback-Regeln beachtet werden (vgl. Kapitel 5.1, S. 95).

Nachbereitung und Reflexion der Teamsitzung vom 25.02.20xx	
Projektthema: Schulrallye	
Was lief in der Sitzung gut?	Gute Reaktion des Teams: Änderung der Reihenfolge der TOPs
	Zeitwächter machte rechtzeitig aufmerksam, dass letzter TOP „Gesprächsvorbereitung" nicht mehr reichen würde; vernünftige Entscheidung
	Gute Visualisierung durch Katharina, durch Punktabfrage leichte Entscheidungsfindung
	Sehr gute Moderation, als Diskussion zum Streit zu werden drohte
	Gute Lösungsvorschläge von Mircea
Was lief nicht so gut?	10 Minuten Verspätung, da Peter Unterlagen im Auto vergessen hatte
	Diskussion hätte abgekürzt werden müssen, Wiederholung von Argumenten
	To-do-Liste zu ungenau
Anmerkungen:	
Bei To-do-Liste muss bei Abgabe auch Uhrzeit stehen	
Genauere Formulierung, was zu tun ist	
Anderes Protokollformular ausprobieren	
Skript mit Methoden für Sitzungen das nächste Mal mitbringen	

2 | Methoden zur Organisation und Planung der Projektarbeit

AUFGABE

CD 2.6.3 — Füllen Sie für Ihre regulären Teamsitzungen Reflexionsbögen aus und heften Sie diese im Projektordner ab. Die Formulare finden Sie auf der CD-ROM.

Nachbereitung und Reflexion der Teamsitzung vom

Name:

Projektthema:

Was lief in der Sitzung gut?	
Was lief nicht so gut? Was hat mir nicht gefallen	

Anmerkungen:

CD 2.6.4 — Wenn Sie die Reflexion noch differenzierter gestalten wollen, können Sie sich des entsprechenden Formulars bedienen, das Sie auf der CD-ROM finden.

3 Die Dokumentation

Eine Dokumentation ist die übersichtliche Darstellung eines komplexen Sachverhalts oder Prozesses. Welche Form der Dokumentation von Ihnen verlangt wird, ist vom Fach und den Vorgaben Ihres Auftraggebers abhängig. Die Vorgaben variieren in der inhaltlichen Ausrichtung, jedoch nicht bezüglich ihrer formalen Gestaltung.

Eine Dokumentation sollte folgende Qualitätsmerkmale aufweisen:
- Übersichtlichkeit,
- Verständlichkeit,
- sachliche Richtigkeit und Fundiertheit,
- logischer Aufbau und inhaltliche Strukturiertheit (Gliederung, roter Faden).

Sie werden
- Ihre Dokumentation inhaltlich ausformulieren,
- Checklisten nutzen, die Sie darin unterstützen, den Überblick über die komplexen Arbeitsprozesse zu bewahren,
- ein Quellen- und Inhaltsverzeichnis erstellen,
- Ihre Quellen korrekt zitieren,
- weitere Checklisten zur formalen Gestaltung Ihrer Dokumentation nutzen.

3.1 Tipps zur Organisation

Bevor Sie mit der Arbeit an der Dokumentation beginnen, sollten Sie diese Prozesse schon durchlaufen haben:
- Sie haben das endgültige Thema Ihrer Projektarbeit bestimmt und eine Feingliederung erstellt.
- Sie können ein umfassendes Ergebnis der Literaturrecherche (Bibliografieren und Internetsuche) und der Materialsuche vorweisen.
- Sie haben einen Zeitplan für Ihre Dokumentation erstellt.

CD 3.1.1 Bei der Erstellung Ihrer Dokumentation ist es wichtig, dass alle nötigen Aufgaben gerecht auf die Teammitglieder verteilt werden. Ein Formular, das Sie darin unterstützt, finden Sie auf der CD-ROM.

Die beiden Checklisten zum Inhalt der Dokumentation und zum Zeitmanagement können Sie anwenden, um den Stand Ihrer Arbeit zu überprüfen, bevor Sie in den Arbeitsprozess des Schreibens eintreten.

Checkliste zur Überprüfung des Inhaltes

CD 3.1.2
- ☐ Wurde eine genaue Themenanalyse durchgeführt und wurden die Probleme des Themas erschlossen?
- ☐ Wurde das Thema problemorientiert formuliert?
- ☐ Wurde eine Feingliederung angefertigt?
- ☐ Wurde das Thema vom Auftraggeber akzeptiert?
- ☐ Wurden in die Gliederung etwaige Änderungsvorschläge eingearbeitet?
- ☐ Wurde eine ausführliche und das Thema eingrenzende Recherche durchgeführt?
- ☐ Wurden alle Literaturnachweise auf Karteikarten festgehalten, damit diese für das Quellenverzeichnis zur Verfügung stehen?
- ☐ Wurden alle Internet-Adressen, alle Links, URLs usw. in einer kommentierten Linkliste zusammengeführt, sodass diese für das Quellenverzeichnis bereitstehen?
- ☐ Wurde ein Inhaltsverzeichnis nach dem dekadischen Gliederungssystem erstellt?
- ☐ Wurde ein Literaturverzeichnis, Quellenverzeichnis und Bildverzeichnis erstellt?
- ☐ Hat jeder im Team seine Eigenständigkeitserklärung unterschrieben und abgegeben?
- ☐ Sind alle Materialien vollständig im Anhang abgelegt?

Checkliste zum Zeitmanagement

- ☐ Haben Sie die Zuständigkeiten für die einzelnen Kapitel gerecht untereinander aufgeteilt?
- ☐ Haben Sie für das Schreiben der Dokumentation einen Arbeitsplan bzw. Wochenplan erstellt?
- ☐ Haben Sie sich den Termin der Endredaktion im Team und den Abgabetermin im Projektplan vermerkt?
- ☐ Haben Sie sich in Ihrem Wochenplan jeden Tag Zeit für die kontinuierliche Arbeit an der Dokumentation reserviert?
- ☐ Haben Sie sich im Team über die Länge der einzelnen Kapitel verständigt?

3.2 Der Text als Ausdruck fremder und eigener Gedanken

Für die inhaltliche Ausarbeitung Ihrer Dokumentation müssen Sie Fachliteratur heranziehen. Darüber hinaus müssen Sie **alle fremden Gedanken** und Inhalte in Ihrer Arbeit kenntlich machen.
Dies geschieht entweder durch die Verwendung von **Quellenangaben in Klammern**, die Sie in Ihren eigenen Fließtext einbauen, oder unter Verwendung von **Fußnoten**, die entweder auf dem Seitenende oder in einem gesonderten Fußnotenverzeichnis zu finden sind. Die Regeln zur Zitierweise sind sehr komplex und können nicht ausführlich dargestellt werden.

> Es gilt beim Zitieren aber der unumstößliche Grundsatz: In einer Dokumentation muss ein einheitliches Zitiersystem verwendet werden.

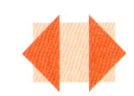

a) Das wörtliche Zitat im Fließtext

Wann verwendet man ein wörtliches Zitat?
Um einen angenehmen Lesefluss zu gewährleisten, sollte man wörtliche Zitate sparsam verwenden. In der Regel werden diese benutzt, wenn man es nicht besser sagen könnte, d.h., wenn es um Definitionen oder grundlegende Kerngedanken zu einem Thema geht.

Das wörtliche Zitat	Erklärung
a) Zitat mit Literaturangabe im Fließtext	– Wörtliche Zitate werden in Anführungszeichen gesetzt.
Dieses Zitat gibt eine Definition wieder:	– Falls ein Zitat gekürzt werden soll, kann man Auslassungszeichen verwenden: [...].
Ein Wasserkraftwerk ist eine „Anlage zur Nutzung der kinetischen und potenziellen Energie des natürlichen Wasserkreislaufs zum Antrieb von Wasserturbinen und an sie angeschlossenen Generatoren [...]". (http://lexikon.meyers.de/meyers/Wasserkraftwerk, Stand: 31.08.2008)	– Allerdings darf durch die Auslassung der Sinn der Aussage nicht verfälscht werden! – Nach jedem wörtlichen Zitat muss die Quelle angegeben werden.
b) Literaturangabe in Fußnote	– Auf diesem Seitenende finden Sie die Literaturangabe zu diesem Zitatbeispiel, d.h. eine Fußnote.
Ein Wasserkraftwerk ist eine „Anlage zur Nutzung der kinetischen und potenziellen Energie des natürlichen Wasserkreislaufs zum Antrieb von Wasserturbinen und an sie angeschlossenen Generatoren [...]".[1]	– So würde das dann auch auf der Seite Ihrer Dokumentation aussehen. – Diese Art zu zitieren ist für das Lesen des Textes angenehmer.

Bei Buch- und Zeitschriftenzitaten reicht – zumindest bei der Quellenangabe im Fließtext – normalerweise die Angabe des Autorennamens, des Erscheinungsjahres sowie der genauen Seite. Die ausführlichen Literaturangaben werden dann im Quellenverzeichnis aufgeführt.

---

[1] In: http://lexikon.meyers.de/meyers/Wasserkraftwerk, Stand: 31.08.2008

3 Die Dokumentation

b) Sinngemäße Zitate

Sinngemäße Zitate sind nur schwer von den eigenen Gedanken, die in die Arbeit einfließen, zu trennen. Dennoch gilt auch hier prinzipiell der Grundsatz, dass an einem Absatzende vermerkt werden muss, welche Quelle bei der Ausarbeitung herangezogen wurde.

Der Quellennachweis eines sinngemäßen Zitats weist also nach, wenn Sie sich fremder Gedanken bedient und diese in Ihren eigenen Gedankengang integriert haben.

Das bedeutet, Sie müssen das geistige Eigentum eines anderen kenntlich machen! Sie dürfen nichts kopieren ohne Kennzeichnung! Sie „rauben" sonst die Arbeit eines anderen und würden dabei im Übrigen gegen das Urheberrecht verstoßen.

Werden fremde Gedanken verwendet, müssen Sie den **Konjunktiv** (indirekte Rede) verwenden und mit Teilsätzen wie „der Autor ist der Meinung, stellt dar, argumentiert, merkt an, führt auf, widerlegt, beweist ..." verdeutlichen, dass Sie die Gedanken oder die Meinung eines anderen wiedergeben. Sie grenzen sich damit auch inhaltlich von diesem ab.

Der folgende Text wird in ein sinngemäßes Zitat überführt:

Zitat
„Im Mittelalter entwickelte man große Wasserräder aus Holz, die eine maximale Leistung von etwa 35 Kilowatt erbrachten. Trotzdem spielte die Wasserkraft eine wichtige Rolle bei der industriellen Revolution."

Sinngemäßes Zitat	Erklärung
a) Zitat mit Literaturangabe im Anschluss als Fließtext Die Geschichte der Wasserkraft ist über 8000 Jahre alt. Sie hat also eine lange Tradition. Diese im Einzelnen nachzuzeichnen sprengt den Rahmen der Dokumentation. Die Leistung der Wasserräder aus Holz, wie sie im Mittelalter verwendet wurden, konnten noch keine besonders hohen Leistungen erbringen. Dennoch spielte die Wasserkraft für die industrielle Revolution eine wichtige Rolle. (Vgl.: http://www.eon-wasserkraft.com/pages/ewk_de/index.htm, Stand 31.08.2008)	– Anhand des Beispiels können Sie erkennen, wie der Kerngedanke des obigen Textbeispiels in den Fließtext eingegangen ist. – Die Abkürzung „vgl." bedeutet „vergleiche" und weist den Leser darauf hin, dass der Kerngedanke des Absatzes aus einer anderen Quelle übernommen worden ist.
b) Literaturangabe in einer Fußnote Die Geschichte der Wasserkraft ist über 8000 Jahre alt. Sie hat also eine lange Tradition. Diese nachzuzeichnen sprengt den Rahmen der Dokumentation. Die Leistung der Wasserräder aus Holz, wie sie im Mittelalter verwendet wurden, konnten noch keine besonders hohen Leistungen erbringen. Dennoch spielte die Wasserkraft für die industrielle Revolution eine wichtige Rolle.[2]	– Auch bei sinngemäßen Zitaten kann die Quelle in einer Fußnote angeben werden.

---

[2] Vgl.: http://www.eon-wasserkraft.com/pages/ewk_de/index.htm, Stand 31.08.2008

Checkliste: Überprüfung von Zitaten

- ☐ Wurden alle wörtlichen Zitate an der richtigen Stelle in den Text eingebaut?
- ☐ Wurden die Quellenangaben korrekt und vollständig vermerkt?
- ☐ Wurde der Anfang und das Ende eines wörtlichen Zitats durch Anführungszeichen deutlich hervorgehoben?
- ☐ Wurde jedes wörtliche Zitat wort- und buchstabengetreu vom Original übernommen?
- ☐ Wurde anhand der sprachlichen Gestaltung (Konjunktiv usw.) das sinngemäße Zitat deutlich?
- ☐ Ist beim sinngemäßen Zitat der Sinn des Quellentextes richtig wiedergegeben worden?
- ☐ Wurden alle Zitate mit einem Quellennachweis im Text oder in einer Fußnote versehen?

3.3 Die formale Gestaltung der Dokumentation: optisch ansprechend und übersichtlich

Im Folgenden werden die verschiedenen Teile der Dokumentation auf ihre formale und optische Gestaltung hin beschrieben. Auf der CD-ROM finden Sie entsprechende Formulare, die Sie direkt für Ihre Arbeit verwenden können.

a) Das Titelblatt

Die Gestaltung eines Titelblattes kann unterschiedlich ausfallen. Die folgenden Informationen dürfen aber nicht fehlen. Deshalb überprüfen Sie, bevor Sie Ihre Dokumentation abgeben, ob das Titelblatt vollständig ist:

Notwendige Angaben auf dem Titelblatt — CD 3.3.1

- ☐ Angabe des Titels der Dokumentation
- ☐ Schule
- ☐ Schulart
- ☐ Schuljahr
- ☐ Klasse
- ☐ Projekt
- ☐ Verfasser
- ☐ Fach
- ☐ Fachlehrer
- ☐ Datum der Abgabe

3 | Die Dokumentation

> **HINWEIS** Das Titelblatt wird nicht mitnummeriert.
> Verwenden Sie maximal zwei Schriftgrößen in einer Schriftart.

b) Das Inhaltsverzeichnis

Das Inhaltsverzeichnis muss den Inhalt der Dokumentation exakt abbilden. Es soll die Feingliederung Ihrer Arbeit wiedergeben, außerdem das Literatur- und Quellenverzeichnis sowie die Anhänge und Eigenständigkeitserklärungen der Teammitglieder aufführen. Achten Sie darauf, dass die Überschriften und Seitenzahlen innerhalb der Dokumentation mit Ihren Angaben im Inhaltsverzeichnis genau übereinstimmen. Die gängigen Textverarbeitungsprogramme unterstützen Sie dabei.

CD 3.3.2 **Inhaltsverzeichnis**

Gliederungspunkt	Inhalt	Seite
1	Einleitung	1
	Problemstellung	2
2	Hauptteil	3
2.1		4
2.2		6
2.3		7
2.4		8
2.5		9
3	Schluss	10
	Zusammenfassung	11
	Fazit und Ausblick	12
Anhang Literatur- und Quellenverzeichnis Abbildungsverzeichnis		I
Eigenständigkeitserklärung		X

c) Die Eigenständigkeitserklärung

CD 3.3.3 Im Anhang werden die unterschriebenen Eigenständigkeitserklärungen der Teammitglieder in alphabetischer Reihenfolge aufgeführt. Ein Formular dafür finden Sie auf Ihrer CD-ROM.

d) Die Formatierung des Fließtextes

Für den Fließtext, also in der Regel für jede Seite Ihrer Dokumentation, gilt ein standardisiertes Textformat:
- Die Randbreite oben und unten beträgt 2,5 Zentimeter.
- Der linke Rand muss 3,5 Zentimeter breit sein. Dieser Rand wird benötigt, wenn die Arbeit gebunden wird.
- Der rechte Rand ist nur 2,5 Zentimeter breit.

Es ist mittlerweile üblich, dass Dokumentationen mit dem PC geschrieben werden. Wählen Sie eine gut lesbare Schriftart in der Schrift-

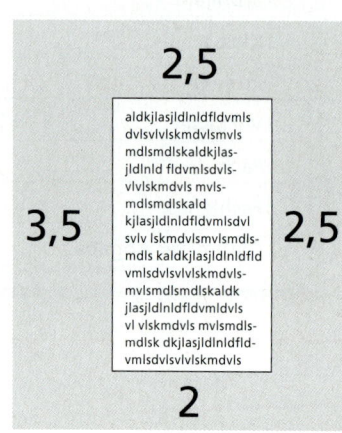

Die Dokumentation

größe 11 pt normal (z.B. Arial, Times Roman, Tahoma). Der Zeilenabstand soll 1,5 Zeilen breit sein. Hauptüberschriften werden durch Fettung oder Schriftgröße hervorgehoben. Bei handschriftlichen Dokumentationen oder Übungen entfallen natürlich diese Vorschriften, jedoch muss die Schrift gut lesbar, sauber und übersichtlich sein.

e) Wie wird ein Literatur- und Quellenverzeichnis angelegt?

Das Literaturverzeichnis kann in einer Dokumentation vor dem Anhang stehen oder auch in den Anhang integriert werden. Unterscheiden Sie jeweils die Aufführung von Büchern und Zeitschriften, Internetquellen und Abbildungen. Ein Formular, das Sie hierbei unterstützt, finden Sie auf der CD-ROM.

Das Literaturverzeichnis wird grundsätzlich alphabetisch angelegt. Es gibt verschiedene Möglichkeiten, die benutzte Literatur anzugeben. Die folgenden Beispiele zeigen, wie die Angabe eines Buchtitels, eines **Zeitschriftenaufsatzes** und einer **Internetquelle** dargestellt werden können:

CD 3.3.4

> **Beispiel:**
>
> **Die Angabe von Büchern im Literaturverzeichnis**
> Familienname des Autors, Vorname: Titel, Verlag, Erscheinungsort Erscheinungsjahr.
> Hopp, Vollrath: Wasser – Krise? Wiley-VCH Verlag, Weinheim 2004.
>
> **Die Angabe von Zeitschriftenaufsätzen im Literaturverzeichnis**
> Familienname des Autors, Vorname: Aufsatztitel, in: Name der Zeitschrift und Nummer, Jahrgang, Seitenangabe.
> Klippert, Heinz: Methodentraining, in: Pädagogik Heft 9, September 1999, S. 24–26.
>
> **Die Angabe von Internetquellen im Literaturverzeichnis**
> Familienname, Vorname des Autors, Titel, URN/URL/Internetadresse, Datum des Abrufs der Seite.
> Seidler, Christoph: Grönland und der Klimawandel, Sonnenstrom fürs Eisberg-Land, SPIEGEL ONLINE, http://www.spiegel.de/wissenschaft/mensch/0,1518,637441,00.html, Stand: 28.07.2009.
>
> Wie schon in Kapitel 2.1 erwähnt, müssen alle benutzten Internetquellen im Literaturverzeichnis aufgeführt werden.

Buchtitel usw. werden im Literaturverzeichnis nicht nummeriert und auch nicht mit einem Aufzählungssymbol versehen!

Die Angabe von Abbildungsquellen im Abbildungsverzeichnis

In der Regel werden Abbildungen in einer Dokumentation durchnummeriert. Unter der ersten Abbildung erscheint die Abkürzung „**Abb. 1**", die nächste Abbildung erhält die Abkürzung „**Abb. 2**" usw. Im Abbildungsverzeichnis führen Sie nach der jeweiligen Abkürzung die entsprechende Fundstelle an:

3 Die Dokumentation

▶ **Beispiel: Buch** ▶ ▶

Abbildungsverzeichnis	Beispiel
Abb. 1: Seidler, Christoph: Arktisches Monopoly, Der Kampf um die Rohstoffe der Polarregion, Deutsche-Verlags-Anstalt, München 2009, S. 26.	Buch als Fundstelle
Abb 2: Böhler, Susanne: Ein Ziel, viele Strategien: Klimapolitik in Deutschland, Bonn: Bundeszentrale für Politische Bildung, 2008, http://www.bpb.de/themen/TW2WIH.html, Stand: 10.11.2009.	Internet als Fundstelle

Checkliste

Überprüfung der formalen Gestaltung

- ☐ Enthält das Deckblatt alle notwendigen Informationen?
- ☐ Ist es übersichtlich gestaltet?
- ☐ Stimmen die Angaben im Inhaltsverzeichnis – einschließlich der Interpunktion – mit den Überschriften im Text überein?
- ☐ Ist das Schriftbild einheitlich?
- ☐ Ist der Text fehlerfrei?
- ☐ Stimmen die Quellenangaben im Literatur- und Quellenverzeichnis mit den Quellenangaben der Fußnoten überein?
- ☐ Sind die Quellenangaben im Literatur- und Quellenverzeichnis komplett?
- ☐ Ist das Literaturverzeichnis korrekt erstellt worden?
- ☐ Wurden alle Bilder und Grafiken im Bildverzeichnis nachgewiesen?
- ☐ Wurden alle Bilder und Grafiken als Abbildungen gekennzeichnet und nummeriert?
- ☐ Wurden alle Bilder und Grafiken im Zusammenhang mit dem Fließtext erklärt?

Überprüfung der inhaltlichen Anforderungen

- ☐ Greift die Einleitung einen Kerngedanken auf, der die Wichtigkeit des Themas begründet?
- ☐ Wird das beabsichtigte Vorgehen in der Problemstellung dargestellt?
- ☐ Werden Definitionen im Hauptteil untergebracht?
- ☐ Ist der Hauptteil logisch aufgebaut?
- ☐ Haben alle Autoren ihre Texte eingearbeitet?
- ☐ Ist die Dokumentation komplett?
- ☐ Entspricht die Dokumentation den Anforderungen des Auftraggebers?

Die Dokumentation

▶ Beispiel: Anforderungskatalog für die Projektarbeit ▶ ▶

Eingangsklasse des Wirtschaftsgymnasiums im Fach Geschichte mit Gemeinschaftskunde zum Thema „Die postindustrielle Gesellschaft"
Die Dokumentation bzw. der Projektordner und die Präsentation werden jeweils gleichwertig benotet.

Teilleistungsbereich	Anforderungskriterium
Terminplanung	Teamarbeit am Thema im Rahmen des Unterrichts: 29.04., 06.05., 13.05., 20.05. Abgabe des Projektordners mit Dokumentation und Teilleistungen: 20.05.
Dokumentation bzw. Inhalt des Projektordners	• Titelblatt • Inhaltsverzeichnis (vollständig, Seitenangaben, Gliederungsziffern) • Logisch gegliederte inhaltliche Darstellung (5–10 Seiten) • Anhang mit allen Medien: Fotoprotokoll von Plakaten, Folien, Ausdruck der Folien oder Datenträger mit der PP-Präsentation, Literaturverzeichnis und Quellenverzeichnis, Handout, Protokolle, Stichwortzettel • Einhaltung der Formatierungsrichtlinien • Rechtschreibung, Zeichensetzung und sprachlicher Ausdruck • Verwendung der korrekten Zitiertechnik
Präsentation	**Präsentationstermine:** 10.06., 17.06., 24.06. **Dauer des Vortrags:** 10–15 Minuten **Zum Vortrag selbst:** • Freier Vortrag, Blickkontakt, Sprache, Wortwahl, Verständlichkeit • Inhaltliche Nachvollziehbarkeit und Richtigkeit, logischer Aufbau, sinnvolle Gliederung • Gleichwertige Redeanteile der Teammitglieder • Ansprechende Visualisierung der Inhalte durch gezielt eingesetzte Medien • Zielgruppenorientierte Vermittlung der Inhalte **Zum Ablauf der Präsentation:** • Vorstellung des Teams mit erkennbarem Zielgruppenbezug • Vorstellung der Gliederung der Präsentation • Angabe der Dauer der Präsentation • Inhaltlicher Vortrag • Gezielte Zusammenfassung • Fragen des Publikums zulassen und beantworten **Zum Inhalt und der Problemdarstellung:** • Darstellung von Ursachen/Wirkungen/Folgen oder Chancen und Risiken • Vorstellung von Lösungsvorschlägen • Herstellung eines Bezugs zu den Dimensionen Politik, Gesellschaft, Wirtschaft, Umwelt und Individuum • Verdeutlichung der Position des Teams zum Thema
Teamarbeit	• Maximale Teamgröße: 3 Personen **Ziel:** Gerechte Aufteilung der Arbeit, Teilleistungen namentlich kennzeichnen!

4 Die Präsentation

Im Rahmen der Projektarbeit ist die Präsentation eine mit Medien unterstützte mündliche Veröffentlichung der wichtigsten Arbeitsergebnisse. Das Ziel einer Präsentation ist das Sprechen **für** ein bestimmtes Publikum, d.h. für eine bestimmte Zielgruppe.

Der Erfolg einer Präsentation hängt im Wesentlichen von einer guten Vorbereitung ab, und zwar sowohl hinsichtlich der Organisation als auch hinsichtlich des Inhalts der Präsentation.

Sie werden
- Ihre Präsentation optimal vorbereiten,
- die Tipps für den Redner und den eigentlichen Vortrag anwenden.
- sich einen Überblick über die Komplexität der Arbeitsprozesse verschaffen,
- Ihre Teamarbeit optimieren sowie
- Ihre Präsentation durchführen und abschließend auswerten.

4.1 Die inhaltliche Vorbereitung

Eine Präsentation erreicht das Publikum dann, wenn sie inhaltlich logisch gegliedert ist und einem sinnvollen Aufbau folgt, d.h., wenn für das Publikum ein roter Faden erkennbar wird. In der folgenden Tabelle wird der Aufbau einer Präsentation vorgestellt.

Eine gute Präsentation ist in drei Abschnitte gegliedert, nämlich in
- die Eröffnung und Einführung ins Thema,
- den Hauptteil und
- den Abschluss.

Die folgende Tabelle zeigt Ihnen den beispielhaften Verlauf einer Präsentation. Sie erhalten zum einen inhaltliche Hinweise und zum anderen dramaturgische Tipps, denn das Publikum muss für Ihr Thema gewonnen werden. Daher sind beim Vortrag nicht nur eine gute inhaltliche Darstellung des Themas, sondern auch ein motivierender Einstieg und eine interessante Vortragsweise entscheidend. Darüber hinaus sollte dem Publikum vermittelt werden, wie wichtig es Ihnen ist, dass es Ihnen jederzeit folgen kann und Sie es wertschätzen.
Stimmen Sie vor Ihrem Vortrag im Team ab, wer als Experte für bestimmte Inhalte auftreten und Fragen aus dem Publikum beantworten wird. Hierzu gibt es im Anschluss an die Tabelle Tipps, wie Sie mit diesen Fragen umgehen können.

4.1.1 Der Aufbau einer Präsentation

	Aufbau	Erklärung	Tipps für die Präsentationssituation
Aufbau	Dauer: _____ Minuten		Tragen Sie hier die Dauer Ihrer Präsentation ein.
Eröffnung und Einführung ins Thema	1. Angemessene **Begrüßung der Zuhörer** und **Vorstellung** der eigenen Person sowie ggf. der Teamkollegen	**Eine angemessene Begrüßung und Vorstellung des Teams stellt den ersten Kontakt zu Ihrem Publikum her.**	*Nennen Sie Ihren Namen deutlich! Schreiben Sie diesen an oder tragen Sie ein gut sichtbares Namensschild.*
	2. Einen interessanten **Einstieg** für die Einführung ins Thema der Präsentation finden	**Der Einstieg in das Thema hat verschiedene Funktionen:** – Sie wollen einen sehr guten Eindruck machen. – Die Zuhörer sollen zum Zuhören motiviert werden. – Sie sollen sich für das Thema interessieren.	*Verdeutlichen Sie das Thema z. B. mit einer Eröffnungsfolie auf dem Overhead-Projektor.*

4 Die Präsentation

Eröffnung und Einführung ins Thema	3. Darstellung des Redeanlasses, des Themas und des Zieles der Präsentation	**Dieser Gliederungspunkt hat die Funktion, dem Zuhörer eine erste Orientierung zu geben.**	*Erklären Sie kurz, aus welchem Grund Sie sich für das Thema interessieren und welches übergeordnete inhaltliche Ziel Sie mit Ihrer Präsentation verfolgen.*
	4. Einen Überblick über die inhaltliche Gliederung des Themas und die Dauer der Präsentation geben	**Der Überblick über das Thema hilft dem Zuhörer, sich während des Vortrags zu orientieren. Ebenso zeigen Sie ihm Ihre Wertschätzung, wenn Sie vorab verdeutlichen, wie lange Sie sprechen werden.**	*Visualisieren Sie die Gliederung des Vortrags (Flipchart, Folie oder Handout)* *Vergessen Sie nicht, die Dauer der Präsentation zu erwähnen.*
Hauptteil	5. Präsentation des Themas und der Untersuchungsergebnisse	**Erst mit diesem Gliederungspunkt beginnt der eigentliche inhaltliche Vortrag zu Ihrem Thema. Bisher haben Sie Ihr Publikum nur auf den inhaltlichen Teil Ihrer Präsentation vorbereitet und für eine angenehme Vortragssituation gesorgt.**	*Ziehen Sie zur Unterstützung der Inhalte passende Medien (z. B. Tafel, Flipchart, Pinnwand, Modell, Bild, PC und Beamer, Filmausschnitt, Overhead-Projektor) oder Programme (z. B. PowerPoint) heran.*
	6. Abrundung der Präsentation durch die Herstellung eines Bezuges zu den Punkten 3 und 4. Abschließende Zusammenfassung/ Auswertung der Hauptergebnisse	**Die Funktion dieses Teils Ihrer Präsentation ist es, den Zuhörer auf den Schluss Ihres Vortrages einzustimmen, indem Sie erwähnen, dass Sie hoffen, die unter Punkt 3 und 4 genannten Ziele mit Ihrem Vortrag erreicht zu haben. Außerdem fassen Sie die Hauptaussagen Ihres Vortrages noch einmal knapp zusammen.**	
	7. Rückversicherung bei den Zuhörern und Raum für Fragen geben	**An dieser Stelle sollten Sie sich vergewissern, ob Sie Ihr Thema verständlich vermitteln konnten. Ihr Publikum soll zufriedengestellt werden.**	*Halten Sie auf dem Flipchart wichtige Fragen oder Antworten fest (Tipps zum Umgang mit Anmerkungen und Fragen nach einer Präsentation, s. S. 79–80).*

Abschluss	8. Runden Sie Ihre Präsentation mit einem passenden Schluss ab und bedanken Sie sich beim Publikum für das entgegengebrachte Interesse und dessen Aufmerksamkeit.	**Der Anfang und das Ende einer Präsentation sollten gut vorbereitet werden, denn mit den ersten und letzten Sätzen können Sie große Wirkung erzeugen. Dieser letzte Eindruck bleibt beim Publikum besonders haften.**	*Beenden Sie Ihre Präsentation niemals mit den Worten: „So, das war's." Finden Sie ein passendes Zitat oder entwickeln Sie die Bedeutung Ihres Themas für die Zukunft.*

Mit Anmerkungen und Fragen nach der Präsentation gekonnt umgehen

Wenn man am Ende seiner Präsentation das Publikum auffordert, Fragen zu stellen, dann öffnet man die Situation für Unvorhersehbares. Bleiben Sie souverän und freundlich, dann können Sie jede Situation meistern.

Fassen Sie jede Rückmeldung aus dem Publikum, d. h. auch Fragen, als eine Art Feedback auf Ihre Präsentation auf. Die folgenden Tipps entsprechen den Regeln für einen Feedbacknehmer:

> **TIPPS**
> - Rechtfertigen Sie sich nicht.
> - Fragen Sie nach, wenn Ihnen etwas nicht klar geworden ist.
> - Holen Sie sich Verbesserungsvorschläge ein.
> - Bedanken Sie sich für die gestellten Fragen.
> - Bleiben Sie höflich und sachlich, auch wenn Sie sich angegriffen fühlen sollten.

Die beste Vorbereitung auf **inhaltliche Rückfragen** ist, sich so gut wie möglich in seinem Thema auszukennen. Sprechen Sie sich vor der Präsentation in Ihrem Team darüber ab, wer als **Spezialist** für eventuelle inhaltliche Rückfragen Rede und Antwort stehen wird. Bestimmen Sie vorab einen **Moderator**, der die Fragen sammelt und den einzelnen Spezialisten zur Beantwortung zuweist. Wenn Sie eine Frage nicht beantworten können, dann helfen Ihnen mögliche Reaktionen wie:

> ▶ **Beispiel:** ▶ ▶
> - „Auf diese Frage kann ich jetzt im Augenblick keine Antwort geben. Ich werde mich hierzu informieren und eine Antwort nachreichen."
> - „Diese Frage berührt einen Teilbereich des Themas, den wir in der heutigen Präsentation bewusst ausgeklammert haben. Wenn dieser Sachverhalt aber von Interesse ist, würde ich gerne recherchieren und in der nächsten Stunde etwas dazu sagen."
> - „Auf diese Frage gibt es keine eindeutige Antwort. In meinem Vortrag habe ich eine bestimmte Perspektive vertreten. Tatsächlich wäre auch eine andere Meinung zulässig."

Neben inhaltlichen Fragen gibt es solche, die man nicht gleich verstehen oder zuordnen kann. Manchmal werden auch Fragen gestellt, die vom Thema wegführen. Fragen Sie dann noch einmal gezielt nach:

Beispiel:
- „Was konkret haben Sie/hast du nicht verstanden?"
- „Was verstehen Sie /verstehst du unter ...?"
- „Ich bin mir nicht sicher, ob ich Sie/dich richtig verstanden habe, würden Sie bitte/würdest du bitte Ihre/deine Frage noch einmal anders stellen?"
- „Habe ich Sie richtig verstanden/ habe ich dich richtig verstanden, dass ...?"

Manchmal muss man in diesen Situationen schlagfertig sein, besonders bei unfairen Angriffen. Wenn Sie auf die sachliche, d. h. auf die inhaltliche Ebene zurückführen, können Sie **persönlichen Angriffen** entgegnen:

Beispiel:
- „Ich erläutere gerne noch einmal folgenden thematischen Aspekt ..."
- „Auf den ersten Blick scheint dies richtig zu sein, schaut man sich aber diesen thematischen Aspekt genauer an, dann kann man feststellen, dass ..."
- „Ich kann Ihren/deinen Standpunkt nachvollziehen, dennoch bleibe ich bei meiner Aussage ..."
- „Darf ich Ihrer/deiner Anmerkung noch einen Gedanken hinzufügen ...?"

4.1.2 Schritt für Schritt zum Erfolg – Eine Präsentation vorbereiten

Diese Tabelle gibt Ihnen einen Überblick über die Arbeitsschritte, die zur Vorbereitung einer Präsentation notwendig sind.

Acht Schritte zum Erfolg	Tipps und Hilfen
1. Schritt **Definieren Sie Ihr Thema.**	– Beachten Sie dabei, dass die Präsentation kein Äquivalent zur schriftlichen Ausarbeitung, d. h. der Dokumentation, sein kann. Die inhaltliche Fülle würde die Konzentrationsfähigkeit Ihres Publikums überfordern. Es kann in der Präsentation nicht alles wiedergegeben werden, was in der schriftlichen Ausarbeitung enthalten ist. – Wenn Sie Ihr Thema für die Präsentation eingegrenzt haben, sollten Sie sich eine gute Fragestellung überlegen.
2. Schritt **Analysieren Sie Ihre Zielgruppe.**	– Wer soll dabei sein? – Wie viele Teilnehmer werden erwartet? – Welches Alter und welches Geschlecht haben die Teilnehmer/innen? – Welches Vorwissen ist vorhanden? – Welcher Wortschatz (Gebrauch von Fachsprache oder Umgangssprache) ist vorauszusetzen? – Welche Erwartungen haben die Teilnehmer? – Warum nehmen sie an der Präsentation teil?
3. Schritt **Legen Sie Ihre Ziele fest.**	– Was wollen Sie bei Ihrer Zielgruppe erreichen? – Soll diese einen komplizierten oder neuen Sachverhalt verstehen? – Wollen Sie für Ihre Sache begeistern? – Was sollen die Zuhörer aus der Präsentation lernen oder mitnehmen?

Die Präsentation | 4

4. Schritt **Wählen Sie die Inhalte aus, die Sie darstellen wollen.**	– Wählen Sie die Inhalte aus, die Sie darstellen wollen. – Bei der Auswertung der gesammelten Informationen müssen Sie die Vortragszeit, die Aufnahmefähigkeit des Publikums, also Ihrer Zielgruppe, und auch das Ziel Ihrer Präsentation berücksichtigen.
5. Schritt **Wählen Sie die passenden Medien aus.**	– Welches Medium passt zu welchem Inhalt, zum Ziel und zum Publikum? – Überprüfen Sie genau, ob bestimmte Informationsblöcke z.B. besser mit einer Pinnwand dargestellt werden können oder mit einer Power-Point-Präsentation. – Wecken Sie immer wieder neu Interesse, etwa durch die Art und Weise der Gestaltung Ihrer Medien (vgl. Kap. 4.1.3 zur Visualisierung).
6. Schritt **Erstellen Sie eine Gliederung, einen Ablaufplan und einen Stichwortzettel.**	– Fertigen Sie eine inhaltliche Gliederung für die Zuhörer an, bestimmen Sie die passenden Medien für die Präsentation, mit deren Hilfe Sie die Inhalte am besten im Überblick oder bildhaft darstellen (visualisieren) können. – Fertigen Sie einen Ablaufplan für das Team an, in dem die genaue Regie Ihrer Präsentation festgehalten wird (vgl. Kap. 4.3.1, S. 87–88). – Gerade wenn Sie zu mehreren Personen präsentieren, halten Sie im Ablaufplan die genaue Aufgabenverteilung fest, die für alle verbindlich ist. – Haben Sie den Ablaufplan fertig, können Sie das Redemanuskript (Stichwortzettel) erstellen (vgl. Kap. 4.1.4, S. 84).
7. Schritt **Die Generalprobe**	– Verschaffen Sie sich selbst Sicherheit. Überwinden Sie Ihre Redeangst durch eine Generalprobe. – Üben Sie für sich selbst vor einem Spiegel. – Tragen Sie Ihre Präsentation anderen Menschen vor, die Sie gerne unterstützen wollen. Nur Mut! In Kapitel 4.3.4 finden Sie auf S. 91 einen Beobachtungsbogen und auf der CD-Rom den entsprechenden Beobachtungsbogen, den Sie für sich ausfüllen lassen können.
Zwischen dem 7. und 8. Schritt findet die eigentliche Präsentation statt. (Wenn Sie alle Tipps in diesem Kapitel beherzigen, sind Sie für Ihre Präsentation optimal vorbereitet!)	
8. Schritt **Nachbereitung einer Präsentation**	– Haben Sie Ihre Ziele erreicht? – Welche Anregungen haben Sie direkt oder indirekt von den Zuhörern erhalten? – Was können Sie selbst oder das Team das nächste Mal verändern, verbessern oder berücksichtigen? – Decken sich die Beobachtungen der anderen mit Ihrer eigenen Wahrnehmung? Denken Sie über die Unterschiede zwischen der Beobachtung anderer und Ihrer Wahrnehmung nach.

Auf der beigefügten CD-ROM finden Sie eine Checkliste, mit deren Hilfe Sie sich Schritt für Schritt auf eine Präsentation vorbereiten können.

CD 4.1.2

4 Die Präsentation

4.1.3 Tipps für die Visualisierung

Die Inhalte einer Präsentation sollten immer veranschaulicht werden. Mit einem gezielten Medieneinsatz wird das gesprochene Wort unterstützt. Der Inhalt sollte so gestaltet werden, dass er mit optischen Hilfsmitteln (Text, Aufzählung, Tabelle, Grafik, Strukturbild, Bild, Symbol) sofort erfassbar wird. Dies versteht man unter Visualisierung.

CD 4.1.3 Checkliste – Visualisierung

Allgemeine Kriterien

- ☐ Der Inhalt muss durch Texte, Aufzählungen, Tabellen, Grafiken, Strukturbilder, Bilder oder Symbole veranschaulicht werden.
- ☐ Die Veranschaulichung des Inhalts muss übersichtlich und einfach strukturiert sein.
- ☐ Alle Textteile sind fehlerfrei.

Kriterien für die Gestaltung von Text oder Aufzählung

- ☐ Enthält die Visualisierung einfache Kernaussagen?
- ☐ Stehen sie optisch im Mittelpunkt?
- ☐ Wurden einfache Formulierungen verwendet?
- ☐ Wurde der Inhalt in Teilsätzen dargestellt?
- ☐ Wurden maximal 2 Schriftgrößen und Schriftarten verwendet?
- ☐ Wurden maximal 3 Farben verwendet?
- ☐ Erscheinen auf einer Folie nicht mehr als 7 Aufzählungspunkte?

Kriterien für eine Tabelle und Grafik

- ☐ Ist die Tabelle/Grafik übersichtlich, d.h. auf den ersten Blick erfassbar?
- ☐ Ist der Aufbau logisch?
- ☐ Wurde ein aussagekräftiger Maßstab gewählt, d.h., wird das Ergebnis verdeutlicht und nicht verfälscht?
- ☐ Wurde die Datenmenge für die Kernaussagen richtig reduziert?
- ☐ Wurden wichtige Aussagen farblich unterlegt?
- ☐ Werden die wichtigen Vergleichspunkte auf Anhieb deutlich?
- ☐ Wird ein Trend aufgezeigt und hervorgehoben?

Kriterien für das Strukturbild

- ☐ Unterstützt die gewählte Diagrammart den Inhalt?
- ☐ Werden die Zusammenhänge klar und übersichtlich dargestellt?
- ☐ Wurde ein guter Überblick über den Sachverhalt gegeben?
- ☐ Wird der Zusammenhang von Ursache und Wirkung anschaulich dargestellt?
- ☐ Wurde ein Prozess übersichtlich abgebildet?

Die Präsentation 4

Kriterien für Bild und Symbol

☐ Wurden Bilder und Symbole sparsam verwendet, damit optimale Übersichtlichkeit garantiert wird?

☐ Wurden Bilder oder Symbole zur Hervorhebung oder Unterstützung einer Aussage verwendet?

☐ Trägt deren Einsatz zum besseren Verständnis bei?

☐ Sprechen ausgewählte Bilder an der richtigen Stelle die Gefühle des Publikums an?

4.1.4 Die Funktion des Stichwortzettels

Der Stichwortzettel muss übersichtlich, gut lesbar und logisch aufgebaut sein. Er wird nur einseitig beschriftet und sollte die Größe einer DIN-A5-Karteikarte nicht überschreiten. Der Stichwortzettel dient beim halbfreien oder freien Vortrag als Wegweiser und Gedächtnisstütze.

TIPPS
- Notieren Sie auf jede Karte den Titel des Vortrags.
- Vermerken Sie rechts oben in der Ecke der Karte die Nummer der Redekarte.
- Sparen Sie rechts und links einen Rand für Ihren Daumen, damit Sie nichts verdecken.
- Markieren Sie inhaltlich zusammengehörende Aspekte mit einer Farbe.
- Markieren Sie außerdem das Wichtigste, das, was Sie unbedingt sagen wollen.
- Arbeiten Sie zur Darstellung von Zusammenhängen mit Pfeilen.
- Verwenden Sie Symbole, die Sie aber auch in Stresssituationen zuordnen können.
- Ordnen Sie Ihre Gedanken mit Oberbegriffen.
- Sie können auch grafische Darstellungen wie Strukturbilder, Mindmaps oder Tabellen verwenden, allerdings nur, wenn Sie damit gut umgehen können.
- Beschriften Sie jede Karte nur einseitig und mit einer für Sie in etwa einem Meter Abstand noch gut lesbaren Schriftart und Schriftgröße.
- Vermerken Sie auch die Redezeit pro Karteninhalt.
- Notieren Sie das gewünschte Medium bzw. die gewünschte Folie, die bei diesem Teil der Rede zur Anwendung kommen soll.
- Formulieren Sie in einem gesonderten Feld Ihre Überleitungssätze. Nur die Überleitungssätze werden als ganze Sätze ausformuliert.

4 Die Präsentation

CD 4.1.4 ## Gestaltung eines Stichwortzettels

Titel:			Kartennummer
	Überleitungssatz (ausformuliert):		
Rand für Daumen	Gliederung/ roter Faden 1. 2. 3. 4.	Was gesagt werden muss: – Wichtige Argumente – Wesentliche Informationen usw.	Was noch gesagt werden könnte: Zusätzliche Argumente, Beispiele, mögliche Fragen der Zuhörer	Rand für Daumen
Überleitungssatz (ausformuliert):			Zeit **Medium:** Folie

In der linken Spalte halten Sie die Gliederung (roter Faden) fest. In der Spaltenmitte steht das, was Sie unbedingt sagen müssen, also das Wichtigste. In der rechten Spalte vermerken Sie, welche zusätzlichen Informationen noch gegeben werden könnten.

Gestaltung eines Stichwortzettels

Titel: Ist Wasserkraft unsere Zukunft?			Kartennummer 1
	Überleitungssatz (ausformuliert): Ich möchte Sie in unser Thema „Ist Wasserkraft unsere Zukunft?" einführen. Mein Name ist _____		
Rand für Daumen	**Gliederung** 1. Die Ölkrise 2. Die Notwendigkeit erneuerbarer Energien 3. Was sind erneuerbare Energiequellen? 4. Wieso Wasserkraft nutzen?	– Ölkrise bedeutet Ressourcenknappheit – Erneuerbare Energien sind effektiv und kostengünstig – Atomkraft als Energiequelle der Zukunft? – Erneuerbare Energiequellen: Windkraft, Biomasse, Sonnenenergie, Wasserkraft – Energiegewinnung durch Wasserkraft muss noch stärker genutzt werden	Geschichte der Nutzung von Wasserkraft Erfindung der Wasserturbine	Rand für Daumen
Überleitungssatz (ausformuliert): Mit der Frage, wie heute weltweit Wasserkraft genutzt wird, wird mein Teamkollege _____ fortfahren.			Zeit 5 Min Medium PC, Beamer, PPP Folien 1–3

Die Präsentation 4

4.2 Tipps für die organisatorische Vorbereitung

Der Erfolg einer Präsentation hängt ganz wesentlich von Ihrer organisatorischen Vorbereitung ab. Anhand der Checklisten können Sie eine Ist-Soll-Analyse anstellen. Was ist vorhanden? Was wird für die optimale Umsetzung der Präsentation benötigt?

Zum Umgang mit den Checklisten
Die Checklisten enthalten einen umfassenden Fragenkatalog. Deshalb ist es empfehlenswert, dass Sie sich die Fragen markieren, die auf Ihre Situation zutreffen. Halten Sie dann fest, was Sie brauchen und erledigen müssen.
Die Checklisten sind **Überprüfungslisten, Notizlisten und Erledigungslisten** in einem.

Checklisten für den Präsentationsort und die Medien-Ausstattung
Mit den Checklisten für den **Präsentationsort und die Medien-Ausstattung** können Sie genau feststellen, welche medialen und räumlichen Voraussetzungen der Präsentationsort hat bzw. haben sollte. Vor der Raumbegehung brauchen Sie einen genauen Überblick darüber, welche Medien Sie benötigen, ob z. B. alle Teilnehmer Platz in diesem Raum finden werden oder ob die Lichtverhältnisse im Raum für das von Ihnen gewählte Medium optimal sind.

Checkliste Präsentationsort – Der Raum-Check CD 4.2.1

Projektthema	
Teammitglieder	
Verantwortlicher für den Raum-Check	
Termin für den Check	
Bedarfsliste erstellt bis	
Raum-Check	Notizen
☐ Welcher Raum steht zur Verfügung? ☐ Ist der Raum zum Zeitpunkt der Präsentation frei? ☐ Muss der Raum vorher reserviert werden? ☐ Wer ist für die Raumbelegung der richtige Ansprechpartner? ☐ Müssen Klassen in einen anderen Raum umgelegt werden? ☐ Müssen Absprachen z.B. mit der Schulleitung getroffen werden? ☐ Sind genügend Sitzplätze vorhanden? ☐ Sind genügend Tische und Stühle vorhanden? ☐ Kann eventuell eine Sitzgruppe für eine Diskussion eingerichtet werden? ☐ Kann der Raum verdunkelt werden?	

4 Die Präsentation

- ☐ Wo sind die Lichtschalter?
- ☐ Sind genügend Steckdosen für meine Geräte vorhanden?
- ☐ Sind die Steckdosen an passender Stelle?
- ☐ Muss ein Verlängerungskabel/eine Mehrfachsteckdose besorgt werden?
- ☐ Ist die Belüftung für eine größere Gruppe optimal?

Auswertung	Bedarfsliste
Wir finden vor:	*Wir brauchen:*

CD 4.2.2 Der Medien-Check

Projektthema	
Teammitglieder	
Verantwortlicher für den Raum-Check	
Termin für den Check	
Bedarfsliste erstellt bis	
Der Medien-Check	Notizen
☐ Welche Medien sind schon in diesem Raum vorhanden? ☐ Tafel ☐ Overheadprojektor ☐ Laptop bzw. PC ☐ Beamer ☐ Moderationskoffer ☐ Flipchart ☐ Pinnwand/wände ☐ Sonstiges:	
☐ Welche Medien müssen vorher besorgt werden? ☐ Ist ein Ersatzprojektor oder Ersatzlaptop usw. für den Notfall vorhanden? ☐ Werden Folienstifte in verschiedenen Farben benötigt? ☐ Wird Kreide usw. benötigt? ☐ Hat der Flipchartblock genügend Blätter?	

Die Präsentation

☐ Ist ausreichend Plakatpapier vorhanden?
☐ Steht ein Moderationskoffer zur Verfügung?
☐ Reichen die Pinn-Nadeln für die Präsentation an der Pinnwand?
☐ Wird ein Fernsehgerät benötigt?
☐ Wird ein Video- oder DVD-Rekorder benötigt?
☐ Namensschilder für Redner?
☐ Material für die Zuhörer (Stifte, Blöcke, Handout)?
☐ Ist ein Zeigestab im Raum vorhanden?
☐ Ist die Fernbedienung für den Beamer usw. verfügbar?
☐ Alle notwendigen Unterlagen für die Teilnehmer vorhanden?
☐ Alle notwendigen Unterlagen, Medien usw. in ausreichender Anzahl vorhanden?

Auswertung	Bedarfsliste
Wir finden vor:	*Wir brauchen:*

4.3 Tipps für das Team – Checklisten für notwendige organisatorische Absprachen

Teamarbeit bedeutet, gemeinsam mit anderen ein Ziel zu erreichen. Die einzelnen Aufgaben, die im Rahmen der Arbeitsprozesse von einzelnen Teammitgliedern übernommen werden, müssen zunächst in Arbeitssitzungen abgesprochen werden. Ein Team muss sich permanent abstimmen und sich über den Stand der Dinge informieren. Nur wer sich abspricht, kommt gemeinsam ans Ziel. Das gilt auch für eine erfolgreiche Präsentation.

4.3.1 Der Ablaufplan einer Präsentation

Der Ablaufplan ist ein nützliches Hilfsmittel, um eine Präsentation in ihren einzelnen Phasen genau durchzuplanen, d. h. bezüglich Zeit, Inhalt, Medium, Redner und Unterstützer.

Der Redner ist in einer aktiven Rolle und gestaltet den inhaltlichen Teil der Präsentation durch seinen Vortrag. Der Unterstützer übernimmt die Arbeitsorganisation. Das bedeutet, er sorgt z. B. dafür, dass die benötigten Medien zur Verfügung stehen, dass die Folien der PowerPoint-Präsentation synchron zum Vortrag weitergeklickt werden oder die Folie auf dem Overheadprojektor richtig aufgelegt wird. Der Unterstützer ist der wichtige Helfer im Hintergrund und darf demjenigen Teammitglied, das gerade präsentiert, nicht die „Show stehlen".

4 Die Präsentation

Zum Umgang mit dem Ablaufplan

Der Ablaufplan ist die Regieanweisung für eine Präsentation. Ein Ablaufplan zeigt, wann wer was zu sagen hat, wer wen unterstützt und welches Medium wann zum Einsatz kommt.

CD 4.3.1 Beispiel eines Ablaufplans

Thema	Kann Wasserkraft unsere Zukunft sein?
Teammitglieder	Marion Michel, Tobias Schneller
Präsentationstermin	12.06.20xx
Uhrzeit	12.00
Termine für Proben	06.06.20xx
Uhrzeit	15.30
Termin für die Generalprobe	11.06.20xx
Uhrzeit	14.00
Termin für Raumbegehung	07.06.20xx
Uhrzeit	15.00

Zeit Wann?	Inhalt/Gliederung Was?	Medium/Folie Womit?	Vortragender Wer?	Unterstützer Wer für wen?
12.00	Eröffnung, Einleitung, gegenseitige Vorstellung, Information über die Redezeit von 20 Minuten	Pinnwand mit Begrüßungsplakat Flipchart mit Gliederung des Vortrags	Marion, Tobias im Wechsel	gegenseitig wer nicht redet, zeigt die Gliederungspunkte des Vortrags am Flipchart
12.05	Was ist Wasserkraft? Seit wann nutzt man Wasserkraft? Wie nutzt man heute Wasserkraft?	PC, Beamer, PPP Folie 1–5	Marion	Tobias klickt die Folien weiter auf Signal (Kopfnicken oder „weiter")
12.10	Ist Wasserkraft eigentlich wirtschaftlich? Ist Wasserkraft eine umweltverträgliche Energiegewinnungsmöglichkeit?	Folie 5–8	T	M klickt
12.13	Die Arbeit eines Wasserkraftwerkes – Exemplarische Darstellung	Folie 9–15	M	T klickt
12.17	Hat das Publikum Fragen?	Folie 16	Beide. Je nach Situation übernimmt Marion die Moderation.	Abstimmung durch Aufnahme von Blickkontakt, wer auf welche Frage antwortet.
ca. 12.20	Abschluss und Dank für die Aufmerksamkeit	Folie 17	Beide	

4.3.2 Checkliste für die Vorabstimmungen im Team

Die Checkliste für die **Vorabstimmungen** umfasst eine Fülle von Detailfragen, die im Rahmen der Vorbereitung einer Präsentation im Team abgesprochen werden müssen.

Projektthema			
Teammitglieder			
Verantwortlicher			
Termin für den Check			
Bedarfsliste erstellt bis			
Checkliste für die Vorabstimmungen	Wer?	Wann?	Bis wann fertig??
☐ Muss ein Aushang für die Präsentation als „Werbemaßnahme" gemacht werden? ☐ Wie wird die Raumreservierung kenntlich gemacht (Eintrag in einen Belegungsplan, Aushang im Lehrerzimmer, Aushang an der Raumtür mit Hinweis auf Belegung)?			
☐ Kurzbrief, Information, Aushang? Wann? Wo? An wen? Mit welchem Inhalt? In welchem Rahmen findet die Präsentation statt? Gibt es einen Ablaufplan? Sollen Pausen gemacht werden?			
☐ Müssen Materialien vor der Präsentation an die Zuhörer ausgegeben/versendet werden?			
☐ Müssen persönliche Einladungen verschickt werden? ☐ Müssen externe Gäste eine Anfahrtsskizze erhalten?			
☐ Müssen bestimmte Personen vorher angesprochen werden?			
☐ Müssen Wegweiser aufgestellt werden?			
☐ Begehen Sie mit dem Team einige Tage vor der Präsentation den Raum. ☐ Erörtern Sie mit dem Team alle Probleme, die auftreten könnten.			

CD 4.3.2

☐ Sichern Sie sich im Team vorab ab und besprechen Sie, wie man auf eventuelle Probleme reagieren kann und wer zuständig ist. (Beispiel: Wer organisiert für alle Fälle einen Ersatzbeamer und einen Laptop? Wer kümmert sich um das Anschließen, damit im Notfall sofort darauf zurückgegriffen werden kann?) ☐ Klären Sie mit dem Team am Vortag nochmals die genauen Termine, Inhalte und eventuellen Probleme, sodass Überraschungen weitgehend ausgeschlossen werden können.			

4.3.3 Absprachen im Team für den Tag der Präsentation

Für den Tag der Präsentation wird ebenfalls eine Checkliste angeboten. Diese betrifft alle Absprachen, die spätestens am Tag der Präsentation getroffen sein müssen, damit ein reibungsloser Ablauf garantiert ist. Konkret geht es hier um die Verantwortung, die jedes Teammitglied am Tag der Präsentation übernehmen muss.

CD 4.3.3

Projektthema	
Anwesende Teammitglieder	
Termin der Präsentation	
Termin der Absprache	
Absprachen für den Tag der Präsentation (Durchführung)	**Notizen**
☐ Rechtzeitig vor Ort sein und genügend Zeit für die Vorbereitung einplanen (je nach Aufwand 30 Minuten bis 1,5 Stunden).	Ich bin vor Ort um … Wir treffen uns um …
☐ Vorbereitungen treffen.	Ich helfe bei …
☐ Jeder übernimmt seine Aufgaben für die Vorbereitung.	Habe ich den Ablaufplan als Stichwortzettel dabei? Habe ich meine Blöcke farbig markiert? Weiß ich, wann ich dran bin?
☐ Wenn Stress aufkommt, andere um Hilfe bitten.	Wer ist mein Unterstützer?
☐ In Ruhe bleiben, in Ruhe sprechen und argumentieren.	Tief durchatmen, wenn Unsicherheit aufkommt. Lesen Sie sich, um Sicherheit zu gewinnen, noch einmal Ihre Stichwortzettel durch. Ziehen Sie etwas an, worin Sie sich wohlfühlen, tragen Sie Ihren Lieblingsschmuck oder stecken Sie, wenn Ihnen dies Sicherheit gibt, einen Talisman in die Tasche.
☐ Wer spricht, wird unterstützt. Wer unterstützt, bleibt im Hintergrund und lenkt nicht ab.	Bleiben Sie immer aufmerksam, auch wenn Sie nicht dran sind.
☐ Jeder übernimmt seine Aufgaben für die Nacharbeiten und Aufräumarbeiten.	Ich bin dafür verantwortlich: …

4.3.4 Eine Präsentation beobachten, auswerten und besprechen

Mithilfe des Beobachtungsbogens können Sie die Präsentation Ihrer Teamkollegen bewerten. Dieses Instrument sollten Sie bei Probepräsentationen verwenden, um den Teammitgliedern Sicherheit zu geben. Unten finden Sie einen bereits ausgefüllten Beobachtungsbogen als Beispiel. Die darin aufgeführten Kriterien stimmen in der Auswahl der Beobachtungsaspekte mit denen Ihres Projektauftraggebers überein, der Ihre Präsentation bewerten wird.

Dieser Beobachtungsbogen kann in verschiedenen Situationen zum Einsatz kommen. Einerseits kann er Ihnen für die Generalprobe wertvolle Dienste leisten. Dann sollte er von den Teammitgliedern ausgefüllt werden, die den Probevortrag ihres Teamkollegen beobachten und ihm nach der Probe ein Feedback geben. (Vgl. Kap. 4.1.2, Tabelle „Acht Schritte zum Erfolg": 7. Schritt: Die Generalprobe.) Andererseits kann der Beobachtungsbogen auch dann verwendet werden, wenn Sie am Tag der Präsentation andere Teams beobachten sollen, um ihnen ein Feedback zu geben.

Beobachtungsbogen für einen Probevortrag oder für die Präsentation CD 4.3.4

Name des Teammitglieds	Tobias	
Dauer der Redesequenz (Zeit wurde gestoppt)	5 Minuten	
Beobachtungskriterium	**Gelungen/weniger gelungen**	**Das soll in dieser Art und Weise verbessert werden:**
1. Selbstvorstellung, Begrüßung Verabschiedung/Dank		lauter sprechen
2. fundiertes Wissen, Hintergrundwissen wird vermittelt	Redner ist glaubwürdig	
3. logische Argumentation	nachvollziehbar	Pausen machen
4. roter Faden erkennbar	nachvollziehbar	
5. Schwerpunkt erkennbar	Geht es mehr um die Ölkrise oder die Energiegewinnung durch Wasser?	zur Ölkrise deutlich weniger berichten, Inhaltspunkt kürzen
6. Jede/r fühlt sich angesprochen; Rede möglichst frei, Blickkontakt	Blickkontakt wurde durch häufiges Ablesen unterbrochen	freier sprechen
7. Sprache: verständlich in Artikulation, Wortwahl, Satzbau und Tempo, variationsreich	verständlich, gute Wortwahl	kürzere Sätze, mehr Pausen machen, mit Betonungen arbeiten
8. Umgang mit Medien: vorbereitet, souverän, sachorientiert, unterstützend, angemessen, werden nicht verdeckt	Die Folien sind alle entsprechend der Visualisierungstipps gestaltet worden. Folie 4 ist besonders gut gelungen (Einsatz von Bildern)	Reibungsloser Wechsel der Folien, die Zusammenarbeit mit dem Unterstützer muss aber noch einmal geübt werden
9. Überleitungen verbinden die Informationsblöcke		Die Überleitungen müssen auswendig gesprochen werden.
10. Zusammenarbeit der Teammitglieder in einem Teil der Präsentation		Zusammenarbeit optimieren – Zeichen für das Wechseln der Folie vereinbaren

Die Präsentation

Tipps und Tricks für den Redner

Zum Publikum sprechen! Blickkontakt und schweifender Blick	Bitten Sie eine Person im Publikum, sie während des Vortrags interessiert anzuschauen und aufmunternd anzulächeln. Haben Sie Schwierigkeiten, Menschen in die Augen zu schauen, hilft es, wenn Sie Ihren Blick knapp über den Köpfen der Zuschauer schweifen lassen.
Dem Publikum zugewandt sprechen	Wenn man von einem Medium zum anderen geht, kann es passieren, dass man dem Publikum den Rücken zeigt. Das ist nur dann ungünstig, wenn man weiter spricht. Achten Sie deshalb darauf, dass Sie erst wieder sprechen, wenn Sie das gewünschte Medium oder Ziel erreicht haben und wieder Ihre Redehaltung eingenommen haben: lockerer, hüftbreiter und aufrechter Stand.
Sprechen Sie verständlich.	Nehmen Sie vor einem Vortrag Kaugummi oder Bonbon aus dem Mund. Sprechen Sie laut und deutlich.
Formulieren Sie Ihren ersten Satz und die folgenden Überleitungssätze auf Ihrem Stichwortzettel genau vor (vgl. Kap. 4.1.4).	Wer kennt Sie nicht – die Ähms, Ähs und Alsos bei Vorträgen? Sie können diese reduzieren, indem Sie Überleitungssätze vorbereiten. Sollten Sie dennoch aus dem Konzept geraten oder den Faden verlieren, thematisieren Sie das ruhig: „Einen Moment bitte, ich muss mich kurz orientieren." – „Ich wollte auf etwas anderes hinaus. Aber es ist mir gerade entfallen." So können Sie zudem peinliche Pausen überbrücken, sich an Ihrem Redemanuskript orientieren und den Faden schnell wieder aufnehmen.
Der Redeanlass bestimmt Ihr Outfit. Sie sollen sich dennoch wohl fühlen.	Achten Sie darauf, dass Sie der Präsentationssituation entsprechend gekleidet und, falls Sie eine Frau sind, geschminkt sind. Achten Sie auf gepflegtes Aussehen. Eine Präsentation, in deren Rahmen die Schule nach außen präsentiert wird, schreibt situationsgemäß ein besonders seriöses Outfit vor (z.B. weißes Hemd, Krawatte, weiße Bluse, dunkle Hose)
Anmerkungen zur Zeigetechnik	Die optimale Position für das Zeigen an einer Projektionswand ist, wenn man rechts oder links danebensteht. Mit der flach ausgestreckten Hand, deren Handrücken nach oben zeigt, wird der jeweilige Aspekt, der gerade besprochen wird, angezeigt. Wenden Sie dem Publikum dabei immer die Brust zu. Beim Einsatz eines Zeigestabes ist es wichtig, dass dieser ruhig und gezielt auf den Punkt gehalten wird, der gerade wichtig ist. Achten Sie auf eine langsame und gezielte Führung des Zeigestabs. Denken Sie daran, dass das Publikum hier Ihre genaue Führung benötigt.

4.3.5 Eine Präsentation reflektieren – Austausch im Team über die Präsentation

Das folgende Formular können Sie als Grundlage einer nachbereitenden Teambesprechung verwenden, d. h. nach der Generalprobe und ganz am Schluss bei der Projektabschlussreflexion. (Vgl. Kap. 5, S. 94–98)

Die Reflexion der Präsentation im Team gehört zu Ihren Aufgaben und sollte gerade dann eingesetzt werden, wenn es im Team nicht so gut gelaufen ist. In diesem Gespräch sollten Sie unbedingt die Feedback-Regeln beachten. Denken Sie außerdem daran, dass es nicht um Schuldzuweisungen geht. Fragen Sie alternativ: Wann muss wer wofür verantwortlich sein, damit das Ziel X erreicht werden kann?

CD 4.3.5

1. Haben Sie Ihre Ziele erreicht?
   Das Publikum hat erkannt, dass wir für die Energiegewinnung erneuerbare Energien fördern müssen. Es hat sich am Austausch beteiligt, interessierte Fragen wurden gestellt.

   Ich habe mich in meiner Rolle zurechtgefunden, ich war am Anfang sehr aufgeregt. Ich konnte alles in der vorgegebenen Zeit sagen und musste nicht kürzen. Das viele Üben hat sich gelohnt.

   Als Team haben wir uns an den Ablaufplan gehalten.

2. Welche Anregungen haben Sie direkt oder indirekt von den Zuhörern erhalten?
   Das Publikum wollte mehr über das Für und Wider von Atomenergie diskutieren.

3. Was können Sie das nächste Mal verändern, verbessern oder berücksichtigen?
   Das nächste Mal müssen wir vorher die technischen Geräte überprüfen. Dass der Beamer plötzlich ausgestiegen ist, hat Unruhe verursacht.

4. Wie wurden Sie durch das Team unterstützt?
   Mir wurde super beim Wechsel von Beamer und PC auf den Overheadprojektor von meinem Unterstützer geholfen. Ich wusste, dass alle Folien auch als Folienkopien vorlagen. Die technische Panne in meinem Redeteil war zwar störend, wurde aber durch unsere gute Vorbereitung aufgefangen und war für das Publikum nicht so unangenehm.

5. Kann die Unterstützung durch das Team verbessert werden?
   Pünktlichkeit, einige kamen auch heute auf den letzten Drücker.

6. Wenn 5. zutrifft, in welchem Bereich hätten Sie sich mehr Unterstützung gewünscht?
   Wenn nicht alle pünktlich sind, ist man unsicher, ob überhaupt alle zur Präsentation erscheinen werden. Das bringt unnötig Unruhe in den Ablauf. Mich macht das einfach sehr nervös. Ich habe die ganze Zeit überlegt, wie man die Arbeit der anderen mit erledigen könnte. Das hat mich gestresst.

5 Das Projekt ist abgeschlossen

„*Erkenne dich selbst!*"

Inschrift über dem Eingang zum Orakel zu Delphi

Sie haben es geschafft! Das Projekt ist zu Ende. Bevor Sie jedoch feiern, sollten Sie noch einmal an den Anfang zurückkehren und überprüfen, was die Projektarbeit bei Ihnen und dem Team bewirkt hat. Dazu dient die **Abschluss-Sitzung**, zu der sich das Team **ein letztes Mal** trifft, wenn das Projekt wirklich abgeschlossen ist, zum Beispiel im Anschluss an die Präsentation.

In dieser Abschluss-Sitzung sollen die Teammitglieder die **Stärken und Schwächen** ihrer **Projektarbeit erkennen**, aber auch **ihre eigenen**. Denn nur dann werden die Teilnehmer sich bewusst, was sie gelernt haben, und nur dann können sie in einer neuen Projektarbeit und in einer anderen Teamzusammensetzung ihre Stärken gezielt einsetzen und mit ihren Schwächen besser umgehen.

> Sie werden
> - methodisch **Rückschau** halten,
> - eine **Schlussbewertung** vornehmen,
> - **sich selbst** und **andere** bewerten,
> - **Entwicklungen** wahrnehmen und formulieren.

5.1 Abschlussrunde mit Kreisabfrage

Machen Sie sich die Mühe, über sich selbst, Ihre Stellung im Team und die Teamentwicklung nachzudenken. Ziehen Sie zusammen mit den anderen Teammitgliedern ein **Resümee**.

Am besten treffen Sie sich zu Ihrer **letzten Sitzung** in einer entspannten Atmosphäre, z. B. nach der Präsentation. Dann können Sie gemeinsam sehen und beurteilen, wo Sie stehen und was Sie erreicht haben.

Für die Schluss-Sitzung gilt wie für jede Teamsitzung: Wählen Sie einen **Moderator** (vielleicht bitten Sie auch den Projektbegleiter oder einen Lehrer Ihres Vertrauens hinzu). Halten Sie dabei die **Feedback-Regeln** ein.

Das Team bildet einen Stuhlkreis oder sitzt einfach am Tisch zusammen und beantwortet in einer **Kreisabfrage** (vgl. Kap. 2.2 Methoden zur Ideenfindung, S. 27–32) die folgenden Fragen:
- Welche Erfahrungen habe ich in der Projektarbeit gesammelt?
- Was hat mir am besten gefallen an der Teamarbeit?
- Hat das Team seine Ziele erreicht?

Sinnvoll ist es auch, sich gegenseitig Feedback zu geben über das, was einem an den anderen gefallen oder weniger gefallen hat. Natürlich werden dabei die Feedback-Regeln beachtet.

> **Feedback-Regeln**
> Feedback geben (Regeln für den Feedback-Geber):
> 1. Regel: Sprechen Sie den Betroffenen direkt an.
> 2. Regel: Sagen Sie das Positive zuerst – es gibt **immer** etwas Positives!
> 3. Regel: Beschreiben Sie, anstatt zu werten.
> 4. Regel: Sprechen Sie in Ich-Botschaften.
>
> Feedback erhalten (Regeln für den Feedback-Nehmer):
> 1. Regel: Hören Sie **ruhig** zu.
> 2. Regel: Geben Sie keine Erklärungen ab.
> 3. Regel: Verteidigen Sie sich nicht.

5.2 Schriftliches Feedback

Noch nachhaltiger ist die Schluss-Sitzung, wenn Sie die Ergebnisse schriftlich festhalten. Dann können die Teammitglieder **später nachlesen**, vergleichen und ihre Entwicklung beurteilen. Denn dieses Projekt wird nicht das letzte gewesen sein, bei dem Sie mitgewirkt haben, und beim nächsten Mal wissen Sie besser, wo Ihre Stärken und Schwächen liegen und worauf Sie bei der Teamarbeit achten müssen.

Sie können auf zweierlei Weise vorgehen:
- Jedes Teammitglied füllt erst für sich das Formular aus und fotokopiert es dann für die anderen Teammitglieder. Danach findet ein Gedankenaustausch statt.
- Das Team sammelt die Antworten und hält die Ergebnisse in dem Formular fest, das dann für alle kopiert wird.

5 Das Projekt ist abgeschlossen

CD 5.2.1 **Das Team beurteilt sich selbst**

Schluss-Sitzung der Projektgruppe Wasserkraft _____

Ort und Datum Weinheim, 19.06.xx

Was war gut bei unserer Projektarbeit?	– alle Teammitglieder waren vom Thema überzeugt – gute Mitarbeit bei Teamsitzungen – Kritik wurde konstruktiv geübt – Pünktlichkeit wurde stark verbessert – gute Arbeitsteilung, niemand „drückte" sich um die Arbeit – Büroeinrichtung von Vater K durfte nach Büroschluss benutzt werden – zum Schluss reibungslose Zusammenarbeit
Was war nicht so gut und ist verbesserungsbedürftig?	– zu wenig Disziplin nach der ersten Hochstimmung – keine und dann unrealistische Zeitpläne – nicht genügend Disziplin, die Zeit- und Arbeitspläne anzupassen – mangelnde Termintreue; wenig konsequente To-do-Listen – Schwierigkeiten, Kritik annehmen können; Verbesserungsvorschläge wurden nicht diskutiert
Was haben wir aus der Projektarbeit gelernt?	– Phasen der Teamarbeit selbst erlebt – Teamregeln sind nicht überflüssig, auch wenn man sich gut versteht – selbstständiges Arbeiten – Termine aufeinander abstimmen – lieber einen Tag früher die Aufgaben von der To-do-Liste erledigen – Feedback-Regeln sind sehr wichtig – Gespräche zu führen, auch Kritikgespräche, untereinander und mit Außenstehenden

Anmerkungen:
Da wir mehrere Wochen Zeit hatten, konnten wir die Phasen der Teamarbeit am eigenen Leibe erleben. Wir hatten die Bedeutung der Zeitplanung völlig unterschätzt und kamen dadurch in große Terminzwänge, was wiederum zu Gereiztheit führte. Besonders schwierig war, dass der Auftraggeber sein versprochenes Material nicht rechtzeitig lieferte. Die Schwierigkeiten, die dadurch entstanden, führten zu einigen Missstimmungen. Aber erst zu diesem Zeitpunkt wurde uns die Wichtigkeit der Regeln für die Projektarbeit klar und wir haben eigentlich erst ab diesem Zeitpunkt richtig mit den Empfehlungen und Formularen in diesem Heft gearbeitet. Und erst nach einer heftigen Auseinandersetzung, als unser Team auseinanderzubrechen drohte, haben wir begriffen, wie wichtig Kommunikations- und Feedback-Regeln sind.

Das Projekt ist abgeschlossen | 5

Das Team beurteilt sich selbst

Schluss-Sitzung der Projektgruppe _____

Ort und Datum _____

Was war gut bei unserer Projektarbeit?	
Was war nicht so gut und ist verbesserungsbedürftig?	
Was haben wir aus der Projektarbeit gelernt?	

Anmerkungen:
_____

Rückmeldung können sich aber auch die Teammitglieder untereinander geben; natürlich gilt auch hier wieder: Beachten Sie unbedingt die Feedback-Regeln!

5 Das Projekt ist abgeschlossen

CD 5.2.2 **Rückmeldung an Teammitglieder**

Schluss-Sitzung der Projektgruppe Wasserkraft	
Ort und Datum Weinheim, 19.06.XX	
Das hat mir an Dir gefallen	Du kannst so richtig schön lachen, das steckt an und erzeugt eine gute Stimmung.
	Du bist sehr hilfsbereit.
	Du hast viele gute Ideen und kannst andere dafür begeistern.
	Bei Auseinandersetzungen verstehst Du es zu schlichten.
Das hat mir an Dir nicht so gut gefallen	Manchmal hast Du von der Arbeit abgelenkt und es war schwierig, wieder zum Thema zu kommen.
	Du warst manchmal beleidigt, wenn Deine Ideen abgelehnt wurden und hast das persönlich genommen.
	Die Umsetzung Deiner Ideen könnte planvoller sein.
	Deine Ausarbeitungen waren manchmal unstrukturiert.
Ich wünsche Dir	Ich wünsche Dir, dass Du Dein fröhliches Lachen und Deinen Ideenreichtum behältst.

AUFGABE

Wählen Sie aus diesem Kapitel ein Instrument für das Abschlussfeedback in Ihrer Gruppe aus. Verwenden Sie eins der beiden Formulare:
- „Das Team beurteilt sich selbst",
- „Rückmeldung an Teammitglieder".

Führen Sie anhand des gewählten Instruments ein Feedback durch.
Dieses Feedback hilft Ihnen, Ihre Selbsteinschätzung mit der Einschätzung durch andere zu überprüfen. Notieren Sie sich anhand des Feedbacks, was Sie gut gemacht haben und welche Verhaltensweisen/Arbeitstechniken usw. Sie für die Arbeit an einem neuen Projekt verändern sollten.

Und nach der Rückschau steht die Projektabschlussfeier an!

Sachwortverzeichnis

Stichwort	Seite
A	
ABC-Analyse	38
Ablauf einer Sitzung	63
Ablaufplan	88
Ablaufplan einer Präsentation	87, 90
Abschluss-Sitzung	94
Absprachen im Team für den Tag der Präsentation	90
Änderungsbericht	48
Anwärmphase	63
Arbeitsnachweis	48
Arbeitsprozess	41
Aufbau einer Präsentation	77
Aufgabenverteilung	41
Aufzählung	32
B	
Beobachtungsbogen	91
Bericht	48
Bericht, schriftlicher	41
Blickkontakt	92
Brainstorming	17
Buch- und Zeitschriftenzitat	69
D	
Diskussionsleiter	63
Dokumentation	67
E	
Eigenständigkeitserklärung	72
F	
Fachliteratur	23
Feedback-Regeln	93, 95
Feedback, schriftliches	95
Feingliederung	16, 21
Formatierung	72
Fußnote	69
G	
Generalprobe	93
Gliederung	33, 34
Grobgliederung	16, 20, 21
Grobgliederung erstellen	20

Stichwort	Seite
I	
Ideenfindung	27
Ideensammlung	28, 30
Ideensammlungsphase	28
Informationsspeicher	41
Inhaltsverzeichnis	34, 72
Inhaltsverzeichnis - Projektordner	46
Internet-Check	25
Internet-Recherche	25
K	
Karteikarte	24
Kreisabfrage	28, 95
L	
Lexika	23
Linkliste	26
Literatursuche (Bibliografieren)	23
Literatur- und Quellenverzeichnis	73
M	
Medien-Ausstattung	85
Mehrpunkt-Bewertung	31
Mindmap	17, 33
Mitschrift	41
Moderator	28, 61, 62, 95
N	
Nachbereitung	65
O	
Ordnergestaltung	45
Outfit	92
P	
Planung	15
Präsentation	76
Präsentation beobachten, auswerten und besprechen	91
Präsentationsort	85
Präsentation vorbereiten	80
Probepräsentation	91
Projektabschlussreflexion	93
Projektmanagement	7
Projektordner	45
Projektplan	35

Sachwortverzeichnis

Stichwort	Seite
Projektthema	15
Projektvertrag	22
Protokoll	41, 48, 64
Protokollant	28, 41, 59
Protokollform	42

Q
Stichwort	Seite
Quellenangaben	69

R
Stichwort	Seite
Raum-Check	85
Recherche	22
Redeanlass	92
Redner	87
Regalsystem	23

S
Stichwort	Seite
Schlagwort	23
Schneeballsystem	23
Selbsteinschätzung	9
Selbstverpflichtung	11
Selbstvertrag	10
Sitzungsleiter	61, 62
Sitzungsleiter/Moderator	59
Sitzungsleitung	62
Sitzungsrollen	55, 59, 61
Sitzungsrollen-Protokoll	61
Stärken und Schwächen	9, 10
Stichwortsuche	25
Stichwortzettel	83, 92
Stoffsammlung	17
Strukturierung von Ideen	32
Strukturierung von Arbeitsprozessen	39
Strukturzeichen	32

T
Stichwort	Seite
Tagesordnung	55, 56, 64
Tagesordnungspunkte (TOPs)	56, 62
Tätigkeitsnachweis, individuell	53
Team	15
Teambesprechung	41, 93
Teambildung	12
Teambildungsprozess	7, 8
Teamentwicklung	8, 95
Teamordner	48
Teamregeln	14, 55, 56
Teamsitzung	55
Teamvertrag	14
Themenstellung	18
Themenvertrag	16, 22
Titelblatt	71
To-do-Liste	39, 44, 48, 56, 64
To-do-Listen-Schreiber	60

U
Stichwort	Seite
Unterstützer	87

V
Stichwort	Seite
Visualisierung	82
Vorabstimmung im Team	89
Vorbereitungsphase	7

W
Stichwort	Seite
W-Fragen	17, 19
Wochenplan	36

X
Stichwort	Seite
x-y-z-Methode	29

Z
Stichwort	Seite
Zeigetechnik	92
Zeitmanagement	68
Zeitwächter	56, 60
Zettelabfrage	29
Ziele formulieren	10
Zielsatz	10
Zitat, sinngemäß	70
Zitat, wörtliches	69
Zurufabfrage	28
Zusammenarbeit	9
Zwischenbericht	48, 52
Zwischenbericht, ausführlich	49
Zwischenbericht, formalisiert	51

Zeichnungen

Alle Zeichnungen stammen von Adja Schwietring © Bildungsverlag EINS GmbH.

Was ist auf der CD?

Die beigefügte CD enthält alle Formulare, auf die im Arbeitsheft mit dem CD-Symbol CD 1.2 hingewiesen wird. Dabei handelt es sich um Formulare, die Sie als Hilfsmittel für die Organisation Ihrer Projektarbeit verwenden können.

Die im Heft abgebildete Nummerierung finden Sie als Dateiname auf der CD, sodass das entsprechende Formular schnell gefunden werden kann.

Alle Formulare liegen als Word-Datei vor, um Ihnen die Anpassung an die eigenen Bedürfnisse und die projektspezifischen Anforderungen zu erleichtern.

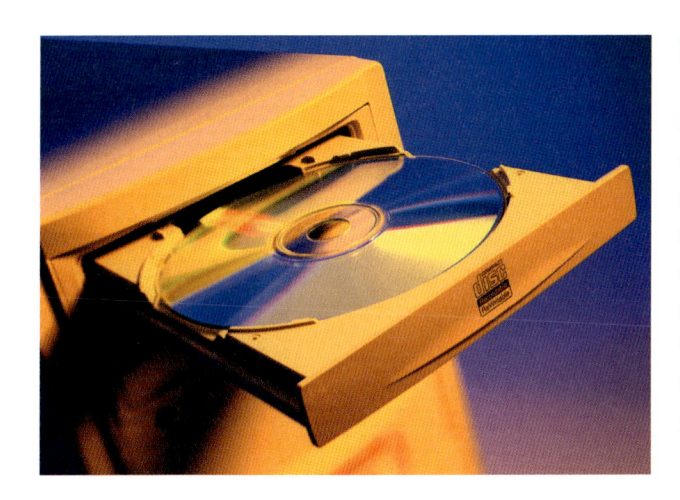

Wie startet die CD?

Die CD ist mit einer Autorun-Funktion versehen, die nach Einlegen der CD automatisch die CD startet. Wenn an Ihrem PC die Autorun-Funktion deaktiviert ist, können Sie im „Arbeitsplatz" auf das CD/DVD-Laufwerksymbol doppelklicken und dann die Datei „index.html" doppelklicken.

Nach dem Start der CD gelangen Sie zum Hauptmenü der CD. Über das Inhaltsverzeichnis können Sie die einzelnen Seiten ansteuern.

Alle Informationen und Materialien öffnen sich in einem neuen Fenster, das anschließend geschlossen werden kann, ohne die Benutzeroberfläche verlassen zu müssen.